Karl Jaspers
Kleine Schule des philosophischen
Denkens

Zu diesem Buch

Karl Jaspers hat vor über dreißig Jahren in einem Vortragszyklus die Welt des philosophischen Denkens in einfachen Schritten entfaltet – und mit der Buchfassung eine dauerhafte und gar nicht beschwerliche Schule des philosophischen Denkens hinterlassen. Die Themenbereiche sind der Kosmos und das Leben, Geschichte und Gegenwart, das Wissen des Menschen, die Frage nach dem Menschen, die politische Diskussion, der Mensch in der Politik, Erkenntnis und Werturteil, Psychologie und Soziologie, die Öffentlichkeit, die Chiffren des Menschen, die Liebe, der Tod, die Philosophie in der Welt. Bei jedem Thema geht er von Realitäten des Lebens aus, um von daher zum Grund der Dinge zu finden. Jaspers gibt Denkanstöße, keine endgültigen Antworten – diese muß jeder für sich selber finden.

Karl Jaspers, am 23. Februar 1883 in Oldenburg geboren, studierte Jura, Medizin und Psychologie. Ab 1916 Professor für Psychologie, ab 1921 für Philosophie an der Universität Heidelberg. 1937 wurde er – bis zu seiner Wiedereinsetzung 1945 – seines Amtes enthoben. Von 1948 bis 1961 war er Professor für Philosophie in Basel, wo er am 26. Februar 1969 starb. Jaspers gilt als einer der Hauptvertreter der Existenzphilosophie. Sein Werk liegt im Piper Verlag vor.

Karl Jaspers
Kleine Schule
des philosophischen
Denkens

Piper München Zürich

Die Vorlesungen dieses Bandes hat Karl Jaspers im Herbst 1964 im Studienprogramm des Bayerischen Fernsehens gehalten.

Von Karl Jaspers liegen in der Serie Piper außerdem vor:
Einführung in die Philosophie (13)
Die maßgebenden Menschen (126)
Der Arzt im technischen Zeitalter (441)
Die Schuldfrage (698)
Max Weber (799)
Wohin treibt die Bundesrepublik? (849)
Von der Wahrheit (1001)
Die großen Philosophen (1002)
Notizen zu Martin Heidegger (1048)
Freiheit und Wiedervereinigung (1110)
Die Sprache/Über das Tragische (1129)
Vernunft und Widervernunft in unserer Zeit (1199)
Martin Heidegger/Karl Jaspers: Briefwechsel (1260)
Was ist Erziehung? (1513)
Philosophie I–III (1600)
Hannah Arendt/Karl Jaspers: Briefwechsel (1757)
Psychologie der Weltanschauungen (1988)
Was ist Philosophie? (2282)
Über Karl Jaspers:
Jeanne Hersch: Karl Jaspers (195)

Ungekürzte Taschenbuchausgabe
1. Auflage März 1974
12. Auflage September 2000
© 1965, 1974 Piper Verlag GmbH, München
Umschlag: Büro Hamburg
Stefanie Oberbeck, Isabel Bünermann
Umschlagabbildung: Masao Ota/photonica
Satz: Eugen Göbel, Tübingen
Druck und Bindung: Clausen & Bosse, Leck
Printed in Germany   ISBN 3-492-20054-0

Inhalt

VORWORT 13

I. DER KOSMOS UND DAS LEBEN 19

  1. Zwei Ereignisse: 1919, 1945 19
  2. Kosmos und Materie 20
  3. Die leblose Wüste des Kosmos und die Erdenwelt 22
  4. Die durch die Naturwissenschaften entstandene geistige Situation: 25
    Zerrissenheit der Welt
    Entzauberung der Welt
    Wissenschaftsaberglaube
  5. Thesen zum Weltwissen 29

II. GESCHICHTE UND GEGENWART ... 31

  1. Das Bild der Geschichte heute 31
  2. Das Wunder der Geschichte im kosmischen Horizont 32
  3. Geschichte ist nicht Fortsetzung des Naturgeschehens 34
  4. Die Geschichtswissenschaft und deren Grenzen 35
    Reale und heilige Geschichte
    Das Ganze unerkennbar

5. Die gegenwärtige Situation und ihre Fragen 36
6. Bewußtsein des Selbstzerstörungsprozesses . . 37
7. Geschichte und Verantwortung 40
8. Überwindung der Geschichte 41

III. DAS GRUNDWISSEN 43

1. Rückblick und neue Frage 43
2. Ausgangspunkt: Subjekt-Objekt-Spaltung . 44
3. Philosophische Grundoperation: Zur Erscheinungshaftigkeit der Welt 46
4. Die Weisen des Umgreifenden 47
5. Der Wandel der inneren Verfassung durch das Grundwissen 50
6. Vergebliches Suchen nach einer zweiten Realität jenseits der Subjekt-Objekt-Spaltung . . 52
7. Mehrfache Wege des philosophischen Denkens 54

IV. DER MENSCH 56

1. Die Frage nach dem Menschen 56
2. Die Stummheit der Natur und die Sprache des Menschen 57
3. Wir begreifen uns nicht aus der Welt und Geschichte und nicht aus uns selbst 58
4. Bestimmungen des Wesens des Menschen . . 58
5. Wer ist der Mensch, der sich seiner bewußt ist als unabhängig von jeder seiner Erscheinungen? 60
6. Der Kampf um das Bild des Menschen 60

7. Der Mensch genügt sich nicht 62
8. Über sich hinaus: der Fortschritt in der Welt 63
9. Über sich hinaus: Transzendenz 65
10. Mut und Hoffnung 66
11. Die Würde des Menschen 67

V. POLITISCHE DISKUSSION 68

1. Beispiel einer politischen Diskussion über Fragen deutscher Politik 68
2. Was sich im Blick auf solche Diskussion beobachten läßt: 76
   a) Man bleibt in der Verwirrung von Tatsachenfeststellung und Beurteilung
   b) Der Anspruch der Gleichberechtigung der Meinungen
   c) Enge oder Phantastik im Blick auf die Zukunft
3. Bedeutung der philosophischen Besinnung in der politischen Diskussion 79

VI. DAS WERDEN DES MENSCHEN IN DER POLITIK 81

1. Die zwei Pole der Politik 81
2. Die Erscheinung des Menschen in der Politik 82
3. Die Größe des Menschen in der Politik . . . 83
4. Der Weg: die politische Freiheit 85
5. Die Geschichtlichkeit der politischen Freiheit 86
6. In der Freiheit das Verderben? 87

7. Die Selbstvernichtung der Freiheit 89
8. Einwände gegen die Freiheit: 89
   Die historische Realität
   Die Überforderung des Menschen
9. Die Alternative 91
10. Der Entschluß 91

VII. ERKENNTNIS UND WERTURTEIL . . 93

1. Der philosophische Unterscheidungsakt . . . 93
2. Im Gespräch 93
3. Max Webers These 95
   Die Leidenschaftlichkeit der Werturteilsdiskussion
4. Naturwissenschaften und Geisteswissenschaften 98
5. In welchem Sinn gibt es Freiheit? 99
6. Die Möglichkeit entgegengesetzter Beurteilung des gleichen Sinnes 99
7. Konstruktion der »letzten Standpunkte« . . . 100
8. Die Mächte und die Alternativen 101
9. Zusammenfassung 103
10. Distanz, Wahrhaftigkeit, Freiheit 103

VIII. PSYCHOLOGIE UND SOZIOLOGIE 106

1. Die Aspekte von Soziologie und Psychologie – Marx und Freud 106
2. Diskussion mit einem Marxisten 107
3. Diskussion mit einem Psychoanalytiker . . . 110

4. Über solche Diskussionen 113
5. Universale Wissenschaften und Philosophie . 113
   Kein fachwissenschaftliches Fundament – Universalwissenschaft und Totalwissenschaft – Verkehrung der philosophischen Antriebe – Psychologie und Soziologie als prophetische Pseudophilosophie – Meine Sätze von 1931
6. Folgen der Totalwissenschaft: 115
   *Der Machtwille in Psychologie und Soziologie
   Der Plan, den Menschen zu verändern
   Zerstörung von Wahrheit und Glaube*
7. Die Ursprünglichkeit des philosophierenden Menschen 117

IX. ÖFFENTLICHKEIT 118

1. Beispiele 118
2. Wahrheitswille und Machtwille 119
3. Das Reich der Politik 120
4. Entwurf der Öffentlichkeit aus der Idee der politischen Freiheit 121
   Öffentlichkeit als Bedingung des freien politischen Zustandes und der Mitverantwortung des Volkes – Politische Selbsterziehung – Nur ein einziges absolutes Interesse: daß der Kampf in Wahrhaftigkeit, Freiheit, Korrigierbarkeit stattfinde: die res publica
5. Die öffentliche Welt der Schriftsteller 123
6. Idee und Realität 125
7. Geheimhaltung 126

8. Zensur 128
9. Das Wagnis der Öffentlichkeit 129

X. DIE CHIFFERN 132

1. Beispiel: Der Sinai 132
2. Weitere Beispiele: 135
    a) Gesetz des Kosmos und Gesetz des Menschen
    b) Chaos und Ordnung 128
    c) Die griechische Götterwelt (Beispiel eines Ganzen)
3. Herkunft der Chiffern aus der Erfahrung der Freiheit 138
    a) Sichgeschenktwerden und Sichausbleiben
    b) Freiheit, Schicksal, Vertrauen
    c) Die Situation: aus der Fremde in die Fremde
4. Begriff der Chiffern 140
    Subjektivität und Objektivität der Chiffer
5. Die Umwandlung der Leibhaftigkeit der Transzendenz in die Sprache der Chiffern . . 141
6. Wandlung der biblischen Religion 142
7. Idee einer Entfaltung der Chiffern in ihren Kämpfen (»philosophische Theologie«) . . . 143

XI. LIEBE 145

1. Erinnerung an Paulus 145
2. Die geschlechtliche Liebe 146
3. Der Antagonismus von Anfang an 147

4. Das Schema: Sexualität, Erotik, Ehe 147
5. Die metaphysische Liebe 148
6. Die Fragwürdigkeit der Erscheinung der metaphysischen Liebe in der Welt 150
7. Kann die metaphysische Liebe eintreten in die weltliche Ordnung? 151
8. Das Ineinander der Momente der Liebe und die Unlösbarkeit im Grunde des Menschen . 152
9. Liebe im weitesten Umfang ihres Sinns ... 154
10. Liebe und Gewissen 156

XII. TOD 158

1. Nur der Mensch weiß vom Tod 158
2. Warum ist der Tod? 158
3. Angst vor dem Sterben und Angst vor dem Tod 159
4. Vorstellungen vom Zustand des Totseins .. 159
5. Der Drang zur Verewigung 160
6. Kreiszeit und lineare Zeit 161
7. Zeitlichkeit, Zeitlosigkeit, Ewigkeit 163
8. Erinnerung an die philosophische Umwendung des Seinsbewußtseins 164
9. Die existentielle Erfahrung der Ewigkeit . . 165
10. Bedeutung der spekulativen und der existentiellen Aussagen 166
11. Die Wahrhaftigkeit 166
12. Chiffern angesichts des Todes 168

XIII. DIE PHILOSOPHIE IN DER WELT 171

1. Verhältnis der Philosophie zur Welt 171
2. Wie sich die Welt zur Philosophie verhält . . 171
3. Philosophie will Wahrheit 173
4. Wahrhaftigkeit ist das Wagnis des Menschen 174
5. Die philosophische Aristokratie und die Menge 176
6. Die Unabhängigkeit des philosophierenden Menschen 178
7. Das Bewußtsein der Ohnmacht allgemein . . 179
8. Insbesondere das Bewußtsein der Ohnmacht in der Situation des Zeitalters. Frage: vor dem Ende? 181
9. Was soll da noch Philosophie? 182

VORWORT

Als der Bayerische Rundfunk mich einlud, in seiner Fernsehuniversität ein Vierteljahr lang wöchentlich eine philosophische Vorlesung zu halten, war ich überrascht. Was für ein schönes Wagnis des Rundfunks und welch große Aufgabe für den Vortragenden! Ich zögerte nicht. Die Philosophie ist für den Menschen als Menschen da, für jeden Einzelnen. Als Titel schlug ich vor: Kleine Schule des philosophischen Denkens.

»*Kleine*« Schule: Das soll nicht heißen, von kleinen Dingen in der Philosophie zu reden, auch nicht, einfache Anfänge als Vorbereitung des Philosophierens darzulegen. Beides gibt es nicht. Wer philosophiert, ist sogleich bei den großen Dingen und in der Philosophie selbst. Wenn es anders ist, dann wird noch gar nicht philosophiert. »Klein« bedeutet nur Kürze, in der aufmerksam gemacht werden soll durch philosophische Gedanken selber.

Kleine »*Schule*«: Das soll nicht heißen, etwas zu lehren, das man dann weiß. Es werden nicht bloße Kenntnisse mitgeteilt. Es sollen vielmehr Denkwege gegangen werden mit der Hoffnung, sie könnten den Hörer, auch wenn er bis dahin nur unbewußt seine philosophischen Erfahrungen gemacht hätte, zu dem Ruck veranlassen, durch den wir plötzlich merken, worum es sich in der Philosophie eigentlich handelt.

Schule des »*philosophischen*« Denkens: Das soll schließlich heißen, das empirische und rationale Denken bis zum Äußersten zu treiben, wo die Ursprünge sich zeigen. Schule ist hier nicht Einübung in formallogischen, logistischen, sprachanalytischen Operationen, die ihren guten, aber noch nicht einen philosophischen Sinn haben. Schule philosophischen Denkens will vielmehr ein Denken zeigen, das den Grund in uns und über uns hinaus heller werden läßt, von dem her Sinn und Führung kommen.

Die Situation des Fernsehens verlangt jede Woche eine halbe Stunde. Daher muß jedesmal eine in sich geschlossene Vorlesung gehalten werden. Ich wähle (aus vielen anderen möglichen) dreizehn Themata:

Ausgangsbereiche:

    I. Der Kosmos und das Leben
   II. Geschichte und Gegenwart
  III. Das Grundwissen
  IV. Der Mensch

Im Hinblick auf Politik:

    V. Politische Diskussion
   VI. Das Werden des Menschen in der Politik
 VII. Erkenntnis und Werturteil
VIII. Psychologie und Soziologie
  IX. Öffentlichkeit

Anker in der Ewigkeit:

    X. Die Chiffern
  XI. Liebe
 XII. Tod

Abschluß:

XIII. Die Philosophie in der Welt

Bei den einzelnen Vorlesungen gehe ich aus von anschaulichen Erfahrungen, von Realitäten der Natur, Lebenswirklichkeiten, Überlieferungen, um jeweils an die Grenze zu gelangen, wo die Fragen auftreten, die keine Wissenschaft beantwortet. Dort erfahren wir das Staunen vor dem Sein. Dort fragen wir nach dem Sinn und der Aufgabe unseres Daseins.

Die Vorlesungen haben ihren Zusammenhang nicht dadurch, daß die je folgende aus der vorhergehenden sich ergäbe. Jede fängt auf andere Weise von vorn an. Sie sind auf eine einzige Mitte gerichtet, die selber nicht geradezu zum Thema gemacht werden kann. Diese Richtung hält sie zusammen.

Die Philosophie ist universal. Es gibt nichts, das sie nicht angeht. Wer philosophiert, interessiert sich für alles. Aber kein Mensch kann alles wissen. Was unterscheidet den vergeblichen Weg des Alleswissens von dem philosophischen Weg zum Allumgreifenden? Das Wissen ist endlos und zerstreut, das Philosophieren sucht, das Wissen nutzend, auf jene Mitte zu treffen. Das bloße Wissen ist ein Haufen, die Philosophie jeweils ein Ganzes. Wissen ist rational, jedem Verstande identisch zugänglich. Philosophie ist die Denkungsart, die als Gesamtverfassung zum Wesen eines Menschen wird.

In dieser Denkungsart möchten die Vorlesungen sich bewegen. Dem Realen, was es auch sei, zugewandt, möchten sie von ihm her die Leitfäden zum Grund der Dinge finden oder die Realitäten von dort her heller werden lassen. Daher kommt es auf den Sprung an zu diesem anderen Denken.

Aber philosophische Vorlesungen, weil auf so hohe

Dinge gerichtet, müssen bescheiden sein. Was das benutzte Wissen betrifft: Wir schöpfen nur winzige Mengen Wassers aus dem Meer des Wissens. Was das Philosophieren selber betrifft: Wir tun nur einige Atemzüge aus der unendlichen Weite der philosophischen Atmosphäre.

Diese Vergleiche besagen zugleich: Das Wasser des Wissens wird erst zur geistigen Nahrung, wenn nicht nur der Verstand, sondern der Mensch selber da ist, der jenes Wissen denkend aneignet. Die reine Luft des Philosophierens wird zur Kraft nur durch die Wirklichkeit der Existenz, die in ihr atmend lebt. Daß dies geschieht, kann der Gedanke im Hörenden anregen. Daß aber der Hörende es tut, kann der bloße Gedanke ihm nicht abnehmen. Den Schritt vom Darüberreden und vom Davonreden zum Dabeisein muß jeder Einzelne vollziehen.

Im Gang der Vorlesungen kommen wir jeweils an die Grenzen des Empirischen und Logischen zu Fragen. Wir hören zunächst Antworten. Aber keine Antwort wird die letzte sein; jede führt zu neuen Fragen, bis die letzte Frage zwar ohne Antwort, aber nicht als leere Frage stehen bleibt. Sie ermöglicht vielmehr das erfüllte Stillwerden, in dem nicht nichts ist, sondern das Eigentliche für den Menschen gegenwärtig durch seine innere Verfassung, die Forderung, die Vernunft, die Liebe sprechen kann.

Basel, Oktober 1964 *Karl Jaspers*

I. DER KOSMOS UND DAS LEBEN

1. Wir sind Zeugen eines Zeitalters, in dem die Erkenntnis des Kosmos und der Materie Fortschritte gemacht hat wie noch nie, und von Ereignissen, die es der Menschheit eindrucksvoll zum Bewußtsein bringen. Ich erinnere an zwei:

1919, unmittelbar nach dem Ersten Weltkriege, im Elend der Feindseligkeit, geschah etwas, das hinaushob in etwas, das den Menschen als Menschen angeht. Bei einer Sonnenfinsternis in der südlichen Hemisphäre stellten von Engländern veranlaßte Expeditionen technisch schwierige Beobachtungen an. Ihre Messungen bewiesen die Richtigkeit der bis dahin phantastisch anmutenden Voraussagen Einsteins, eines deutschen Forschers, und damit die teilweise Richtigkeit seiner Theorie, die in der Vorstellung sich schloß: Der Kosmos ist kein dreidimensionaler, sondern ein gekrümmter Raum, grenzenlos, aber endlich. Fachleute wußten von der Relativitätstheorie, die Gebildeten hatten gelegentlich von ihr gehört wie von einem Gedankenspiel. Jetzt aber, mit einem Schlage, war das nicht mehr Spekulation. Der Beweis durch Beobachtung lag vor. Der Weltöffentlichkeit bemächtigte sich ein ungewohntes Staunen. Denn was der Kosmos sei, das ist eine Frage, die in der herrlichen Freiheit des Wissenwollens interessiert. Man spürte: uralte Selbstverständlichkeiten sind hinfällig geworden. Der Stolz auf die Wissenschaft war eine uneigennützige, gemeinsame Freude.

1945 fielen die Atombomben auf Hiroshima und Nagasaki. Längst hatte man vom Gedanken Einsteins gehört: Die Materie der Atome berge eine Energie in sich, die im Vergleich zu allen uns bekannten Energien, über die wir technisch verfügen, überwältigend groß ist. Einstein stellte seine berühmte Gleichung von Masse und Energie auf. Aber man konnte diese Energie aus den Atomen nicht befreien. Daher schienen es Spekulationen ohne praktische Bedeutung. Die Meinung war: Wir sitzen auf einem Vulkan; aber er kann nie ausbrechen. Noch im Zweiten Weltkrieg errechnete ein bekannter deutscher Physiker, daß es nicht möglich sei, Atombomben herzustellen, während die europäischen Emigranten in Amerika schon dabei waren, es zu tun. Plötzlich waren die Atombomben auf Hiroshima Realität. Sogar die deutschen Physiker glaubten die erste Nachricht nicht. Dann aber ergriff sie wie alle, die begreifen konnten, das Entsetzen. Der Stolz auf das Können der Wissenschaft wich der Angst vor dem, was jetzt begonnen hatte.

2. Seit diesen beiden Ereignissen wurden die neuen Vorstellungen von Kosmos und Materie uns unaufhaltsam eingeprägt.

Der Kosmos, wie er anschaulich von den immer leistungsfähiger werdenden Sternwarten vor Augen zu bringen ist, sieht so aus: Die Milchstraße ist erfüllt von Milliarden von Sonnen. Es gibt Milliarden anderer Milchstraßen, die Sternnebel. Den uns nächsten, der mit bloßem Auge sichtbar ist, den Andromedanebel, hat man als nur einen jener Milliarden dem bloßen Auge unsichtbaren Nebel erkannt.

Dieses Bild liegt noch auf der Ebene der bisherigen

Vorstellungen, nur durch die Größenordnungen ins Ungeheure gesteigert. Das Neue aber, allen bisherigen Vorstellungen Unvergleichbare liegt darin, daß dieser anschauliche Kosmos der Vordergrund des realen Kosmos ist, der selber nur gedacht, nicht vorstellbar ist. Er ist allein in mathematischen Formeln zugänglich, aber dies seinerseits nicht endgültig. Zuerst war für Einstein die Welt gedacht als gekrümmter Raum, endlich, aber unbegrenzt, in ihrer Größe berechenbar. Später wurde sie zu der sich ständig expandierenden, das heißt größer werdenden Welt, deren zeitlicher Anfang errechnet wurde. Diese mathematischen Entwürfe sind sinnvoll, soweit sie durch messende Beobachtungen zu bestätigen sind, sind aber gleichgültig, sofern sie nicht durch neue Beobachtungen erprobt werden können. Jeder stößt, nachdem er einen Bereich der Forschung gefördert hat, auf unüberwindbare Schwierigkeiten. Keiner dieser unanschaulichen mathematischen Entwürfe vom Kosmos im ganzen ist wissenschaftlich endgültig erweisbar. Der Kosmos ist gleichsam aufgebrochen für einen ins Unendliche gehenden Forschungsweg.

Wie der Kosmos ist auch die Materie durch zwingende wissenschaftliche Erkenntnis für uns verwandelt. Die Entdeckung der Radioaktivität in den neunziger Jahren des vorigen Jahrhunderts, des Atomzerfalls, war für die Kundigen schon damals ein geistig revolutionierendes Ereignis. Die Atome, in ihrer Existenz heute gewisser als je erwiesen, sind da, aber sind nicht letzte Elementarteilchen, sondern zusammengesetzt aus kleineren, aus Protonen, Neutronen, Elektronen usw. Die Materie mußte grundsätzlich ganz anders vorgestellt werden als bisher.

Erstens gibt es überhaupt keine anschaulich bestimmbaren letzten Elementarteilchen mehr. In Modellvorstellungen, wie Welle und Korpuskel, die sich anschaulich widersprechen, erscheinen die nur mathematisch faßbaren, komplementären, nicht widerspruchsvollen Vorgänge. Zweitens wurden immer neue Elementarteilchen (Mesonen u.a.) entdeckt. Aber die letzten kleinsten Teile der Materie hat man nicht erreicht. Über Untersuchungen an der Stanford-Universität wurde vor einigen Jahren berichtet: Protonen seien nicht Elementarteilchen, vielmehr Gebilde mit einem Kern hoher Dichte und einer ihn umhüllenden Mesonenwolke. Und nun folgt der Satz: Einige Physiker vermuten, daß sie vielleicht niemals an eine letzte Materiestruktur herankommen, sondern daß sie immer neue Unterstrukturen in den Elementarpartikeln entdecken. Das heißt: es fällt die Vorstellung von der Materie als des Dunkels, das der Boden allen Daseins sei, das undurchdringlich in seiner Starre besteht. Vielmehr ist die Materie offen für die Erforschung ins Unendliche hin, nicht das Vorhandensein eines Urstoffes. Alle Stoffe sind Erscheinungen, nicht Grundwirklichkeiten. Das Wesen der Materie bleibt unbestimmbar.

3. Kosmos und Materie führen unser Weltwissen in Unendlichkeiten, als Kosmos in das immer zurückweichende Größte, als Materie in das sich immer wieder entziehende Kleinste. Mit ihnen aber haben wir noch nicht die Welt überhaupt. Der Kosmos schließt in sich unsere Erde, dieses im Weltall verschwindende Stäubchen der Materie, auf dem unser Dasein stattfindet. Hier ist unsere Welt, das Leben der Pflanzen und Tiere, die Landschaften, das Wetter, der überwölbende Ster-

nenhimmel; hier sind wir Menschen mit Menschen. Der Kosmos, zwar so groß, daß dies alles ihm gegenüber wie nichts ist, ist für unser Wissen doch nur die leblose Wüste der gewaltigen Materiebewegungen.

Unsere Welt aber, diese herrliche und grausame Welt, zwar an Materie gebunden, ist unendlich mehr als Materie, und nicht zu begreifen als aus Materie hervorgegangen.

Auch von dieser Welt hat die moderne Wissenschaft grundsätzlich neue Erkenntnis erworben. Ein Beispiel: Seit dem Altertum galt die Stufenfolge einer großen Einheit, in der jede folgende Stufe in der vorhergehenden ihren Grund hat: leblose Materie, pflanzliches und tierisches Leben, Innerlichkeit der Seele, Bewußtsein, Denken. Diese schöne Einheit des Ganzen ergab in der Neuzeit, als zeitliche Entwicklung aufgefaßt, das faszinierende Bild einer kosmisch-terrestrischen Naturgeschichte, die im Menschen gipfelte. Diese Einheit ist als Erkenntnis heute aufgelöst. Das Spätere läßt sich aus dem Früheren nicht ableiten, sondern ist durch einen Sprung getrennt. Die Stufen lassen sich nicht auseinander und keine aus sich selber begreifen. Das eine alles Zusammenhaltende fehlt.

Aber die Forschung, die die vagen Vorstellungen einer Einheit zerstörte, gewann sie in einem anderen Sinn zurück: durch Erkenntnis von Beziehungen zwischen den Stufen, die heute überraschend als bestimmte Erkenntnisse in ständigem Fortschreiten gewonnen werden. Ich beschränke mich auf die Beziehung von lebloser Materie zum Leben.

Im neunzehnten Jahrhundert wurde bewiesen, daß alles Lebendige in der Natur nur aus Leben hervorgeht

— omne vivum ex ovo. Urzeugung aus der Materie, Übergänge zwischen Leblosem und Lebendigem, bis dahin als selbstverständlich angenommen, erwiesen sich als Täuschung. Aber gleichzeitig begann die neue Überbrückung. Die organischen Stoffe, bis dahin allein vom Leben hervorgebracht, wurden von Chemikern im Laboratorium aus anorganischen synthetisch hergestellt, zuerst 1828 der Harnstoff. Seitdem erwuchs die moderne organische Chemie. Eine unermeßliche organische Stoffwelt bis zu hochkomplizierten Eiweißmolekülen wurde gefunden, aber alle diese Stoffe sind leblos.

Trotzdem wollen viele die Vorstellung nicht aufgeben, eines Tages werde man lebendige Substanz, das Leben selber aus der Materie herstellen können. Das aber ist unmöglich. Das Leben ist nicht nur ein höchst komplizierter Stoff, sondern ein lebendiger Leib. Dieser ist ins Unendliche morphologisch strukturiert, nicht eine wenn auch noch so komplizierte chemisch-physikalische Maschine, die immer endlich sein müßte, wenn sie herstellbar wäre. Und das Leben ist nicht nur lebendiger Leib, sondern das Dasein mit Inwelt und Umwelt, in dem es sich tätig verhält. Apparate des Leibes, der zweckhaft funktionierende Chemismus, die Sinnesorgane sind vom Leben hervorgebracht, aber noch nicht das Leben selber. Die Forscher werden ungeahnte biologische Gebilde entdecken und herstellen, aber sie werden nie ein Leben hervorbringen können.

Große Forscher macht ihre Erkenntnis bescheiden. Einstein verlor nicht den Blick für das Geheimnis des Lebens, als er seine kosmischen und atomaren Erkenntnisschritte getan hatte. 1947 anläßlich einer Erkrankung an seinen Körper denkend, schrieb er: »Ich wundere mich, daß diese unglaublich komplizierte Maschinerie überhaupt je funktionsfähig ist.« Er fühlte, »wie lumpig primitiv unsere ganze Wissenschaft« sei. Und 1952: »Wenn ich rechne und sehe so ein winziges Insekt, das auf mein Papier geflogen ist, dann fühle ich etwas wie: Allah ist groß, und wir sind armselige Tröpfe mit unserer ganzen wissenschaftlichen Herrlichkeit.«

Aber diese Stimmung bleibt undurchschaut. Auch Einstein ist philosophisch befangen in der Voraussetzung, daß alles, was ist, mathematisch geordnet ist und grundsätzlich bis ins Letzte mathematisch begriffen werden kann. Auch Einstein behauptet, daß das Leben im Atom vorbedingt, »das Mysterium des Ganzen schon in der untersten Stufe eingeschlossen« sei. Warum aber erreichen wir es nicht? Weil die Mathematik versagt, wenn wir gedanklich in größere Tiefe vordringen. Denn der Stand der gegenwärtig erreichten Mathematik erlaubt nicht, »herauszurechnen, was in den Grundgleichungen impliziert ist«. Das Mysterium liegt also für Einstein nicht in der Wirklichkeit selber, sondern entsteht nur darum, weil die Mathematik noch nicht ausreicht zum Herausrechnen.

Wir aber sagen mit Kant: Die Einheit des Lebens, die auch das Hervorgehen des Lebens aus dem Leblosen begreifen ließe, liegt, wenn sie ist, unerreichbar im Unendlichen. Die neuen Erkenntnisse vertiefen mit ihren erstaunlichen Ergebnissen im Besonderen nur das Geheimnis im Ganzen.

4. Wissenschaftliche Forschungen, selber nicht Philosophie, bringen eine Situation für die Philosophie. Philosophie, aus anderem Ursprung geboren, gewinnt ihre

Erscheinung in der jeweiligen wissenschaftlichen Situation, die sie begreift und vorantreibt.

In unserer gegenwärtigen Situation ist das Neue: Die Reinheit der wissenschaftlichen Forschung ist ebenso wie die Klarheit des eigenen Ursprungs der Philosophie möglich und gefordert. Ich begnüge mich mit einem Blick auf die Folgen der Unklarheit in der Auffassung der Natur:

Erstens: Bisher war die Gesamtheit des Seienden wie selbstverständlich als Weltbild da. Heute sind wir befreit von dem allgemeingültigen Weltbild. Die Welt ist zerrissen.

Sagt man: Die Welt ist an sich Materie, aus der alles hervorgeht, was in der Materie schon beschlossen liegt: Leben, Innerlichkeit, Bewußtsein, Denken — so ist das, mit Vorstellungen von Übergang und Entwicklung, zur leeren Redewendung geworden, die die Sprünge verschleiert. Nicht anders ist es, wenn man die Welt aus dem Leben, aus dem Geist, aus dem Denken begreifen wollte. Universale Aspekte erfassen nicht das Totale der Welt. Sie treffen je Einzelnes, nicht das Ganze. Vor der Frage nach der Welt im Ganzen scheitert die Wissenschaft. Für die wissenschaftliche Erkenntnis liegt die Welt in Zerrissenheiten vor uns, um so tiefer, je reiner die wissenschaftliche Erkenntnis wird.

Aber die Befreiung von den alten Weltbildern verführt die mißverstandene Wissenschaft zu einem neuen vermeintlich wissenschaftlichen Weltbild, das uns in unserer Freiheit mehr als jedes frühere Weltbild erdrückt.

Zweitens: Die Welt ist entzaubert. Wissenschaft und Technik haben uns befreit von Magie und die gewaltige

Erleichterung unserer materiellen Daseinsbehauptung in der Natur geschaffen. Magisches Operieren ist heute nicht nur praktisch ein Unfug, sondern ein unredlicher Akt des seinen Verstand verratenden Menschen.

Entzauberung der Welt wird aber verkehrt in einer aus der technischen Praxis erwachsenden Gesinnung. Das geschieht so: Wenn man das elektrische Licht anknipst, das Radio einstellt, im Auto fährt, weiß man nicht, was da vor sich geht. Man lernt die technische Handhabung und weiß nur, daß es mit rechten Dingen zugeht, d. h. derart, daß es auf Grund wissenschaftlicher Erkenntnis gemacht werden kann. Aber nun: Man erwartet, daß es mit allem in der Welt so ist und denkt: Es ist vieles, nicht alles begriffen, doch grundsätzlich ist alles restlos begreiflich. Die Wissenschaft kann etwa zwar noch nicht Lebewesen, nicht Menschen machen, aber man glaubt, daß sie es können wird.

Was ist geschehen? An die Stelle der alten Magie ist, wenn die wissenschaftliche Denkungsart nicht erreicht wurde, ein gedankenloses, nun gleichsam magisches Denken getreten. Die großartige Entzauberung im Bereich zwingender Wissenschaft und technischen Könnens zerstört die alltägliche erfüllte Wirklichkeit vermöge ihrer Verabsolutierung auf alles, was ist. In den Stimmungen der Landschaft, der Orte, an die unser Schicksal geknüpft war, in dem unendlichen Reichtum der Erscheinungen, bis zu dem Bewußtsein der grenzenlosen Allnatur erfahren wir etwas, das keineswegs unwirklich, nicht nur subjektives Gefühl ist.

Wir leben in der Wirklichkeit als einer Welt von Chiffern und ihren Kämpfen. Unser wissenschaftliches Erkennen, indem es die Erscheinungen entzaubert, läßt im Kontrast diese Chiffern nur heller und reicher und ursprünglicher wirksam werden. Sie sind von der Wissenschaft weder zu erzeugen noch zu vernichten.

Ein Beispiel für den Kampf in der Welt der Chiffern. Sprechen wir mit der Chiffer »Gott«: Er hat die Welt erschaffen. Eine Chiffer lautet: Gott ist ein Mathematiker. Er hat die Welt nach Maß und Zahl geschaffen. Daher können wir sie ihm im Denken nachschaffen (so könnte vielleicht Einstein sagen). Dagegen steht die tiefere Chiffer: Gott hat die Welt im Ganzen auf eine uns unbegreifliche Weise geschaffen; in ihr schuf er das Mathematische und den Mathematiker im Menschen. Das Mathematische erschöpft nicht die Welt, vielmehr ist das Mathematische nur ein Zug im Sein der Natur und in den Erkennntnisweisen des Menschen (so dachte Cusanus).

Ein anderes Beispiel: Das Reich der Weltbilder, in denen Menschen gelebt haben, ist für die Wissenschaft ohne Geltung, aber diese Weltbilder behalten als ein Reich von Chiffern für immer ihre Bedeutung. Oben und unten, hinauf und hinab, Himmel und Erde, strahlender Äther und Dunkel der Tiefe, olympische und chthonische Götter – dies alles sehen wir immer anders, auch heute. Die falsche Entzauberung aber hat eine Seelenblindheit über die Menschen gebracht.

Drittens: Die Erscheinungen in der Welt sind erkennbar. Wohin die Forschung dringt, zeigen sich aus Staunen hervorgegangene und neues Staunen erzeugende Erkennbarkeiten. Das echte Wissen läßt sich genügen, fortschreitend in das Unendliche doch innerhalb der ihm gesteckten Grenzen das Mögliche zu erfahren.

Das Unheil menschlicher Existenz beginnt, wenn das

wissenschaftlich Gewußte für das Sein selbst gehalten wird, und wenn alles, was nicht wissenschaftlich wißbar ist, als nicht existent gilt. Wissenschaft wird zum Wissenschaftsaberglauben, und dieser stellt im Gewande von Scheinwissenschaft den Haufen von Torheiten hin, in denen weder Wissenschaft noch Philosophie noch Glaube ist.

Die Unterscheidung von Wissenschaft und Philosophie war noch nie so deutlich zu vollziehen und noch nie von der Wahrheit so dringend gefordert wie heute, wo der Wissenschaftsaberglaube seine graue Blüte zu haben, die Philosophie verloren zu gehen scheint.

Die trügerischen Abgleitungen von der reinen Wissenschaft und von der Ursprünglichkeit der Philosophie ruinieren unser Seinsbewußtsein. Dieses wird leer als Funktion des sich abstrakt auffassenden und erlebenden Daseins. Es wird verfälscht im Weltbild als dem Sosein des Alls, in der Entzauberung als Lebensgrundstimmung der Öde, im Wissenschaftsaberglauben als dem Umgang mit den Dingen, durch den sie selber unsichtbar werden. Die Abgleitungen versperren den Weg zur Philosophie. Das Philosophieren hat die Aufgabe, diese Sperren zu durchbrechen und den Menschen zu sich selbst zurückzubringen.

5. Ich fasse zusammen:

Wir sind in der Welt, aber haben die Welt als Ganzes nie zum Gegenstand.

Die erscheinenden Gegenstände sind ins Unendliche zu erforschen.

Die Welt ist für unsere Erkenntnis nicht zur Einheit geschlossen, vielmehr zerrissen. Die Forschung wird geführt von Einheitsideen, die in bestimmten Bereichen der Welt gelten; bisher gibt es keine wissenschaftlich fruchtbare Einheitsidee des Weltganzen.

Die Welt ist aus sich selbst nicht zu begreifen, nicht aus der Materie, nicht aus dem Leben, nicht aus dem Geist. Eine unwißbare Wirklichkeit geht der Erkennbarkeit vorher und wird von der Erkenntnis nicht erreicht. Für unsere Erkenntnis ist die Welt bodenlos.

Das alles sind Grenzen der Wissenschaft, nicht des Denkens, das in unserer Existenz seinen philosophischen Ursprung hat. Zum Beispiel: die Einheit der Allnatur, des in sich ruhenden All-Einen ist die mögliche Erfahrung einer Weltfrömmigkeit, nicht ein Weltwissen. Diese Weltfrömmigkeit aber sieht allumfassend und sieht bis in jedes Besondere und Individuelle die wirkliche Welt in Chiffern. Diese sind für die Forschung nichts, durch die Forschung weder zu erweisen noch zu widerlegen.

II. GESCHICHTE UND GEGENWART

1. Wie das Wissen vom Kosmos, so hat heute das Wissen von der Geschichte eine gewaltige Ausbreitung erfahren. Ausgrabungen haben versunkene Welten für uns neu erstehen lassen. Bisher unbekannte Sprachen und Schriften reden zu uns. Höhlenmalereien, Plastiken und Werkzeuge lassen in schriftlose Zeiten blicken. Schließlich haben Skelettfunde, die hunderttausend Jahre und mehr alt sind, das biologische Dasein von Menschen erwiesen in Zeiträumen, denen gegenüber die uns bekannte Geschichte sehr kurz ist.

Das empirische Bild der Gesamtgeschichte ist dieses: Jahrzehntausende oder viel mehr dauerte die schriftlose Vorgeschichte. Seit etwa 6000 Jahren folgte die dokumentierte Geschichte. Die ersten Hochkulturen, in Mesopotamien, Ägypten, Indien, China, sind erwachsen auf einem von Wüsten unterbrochenen, auf dem Globus im ganzen geographisch schmal wirkenden Streifen vom Atlantischen bis zum Stillen Ozean. Erst zwischen 800 und 200 vor Christus sind in China, in Indien, in Iran, Palästina, Griechenland (nicht in Mesopotamien und Ägypten) – fast unabhängig voneinander – die geistigen Ereignisse geschehen, die das Bewußtsein begründeten, aus dem wir bis heute leben. Damals wurden religiös und philosophisch die Grundfragen gestellt und die Antworten gegeben, die noch für uns maßgebend sind. Wir nennen diese Zeit die Achsenzeit der Weltgeschichte. Von dort her gingen drei parallele Entwicklungen in China, in Indien, im Abendland. Noch um 1400 nach Christus waren Lebensformen, technische Mittel, Arbeitsweisen dieser drei großen Kulturgebiete einander ähnlich. Erst nachher begann nur bei uns, allein durch uns in Europa das technische Zeitalter: die konsequente Rationalisierung aller Dinge; reine, durch keine ihr fremde Wissensweise getrübte empirische Wissenschaft; planmäßig erfindende, unablässig fortschreitende Technik. Ein vorher noch nie erfahrener Umbruch der Geschichte steigerte die Naturbeherrschung und die Warenproduktion, stellte den über die Erde verbindenden Verkehr durch Schiffahrt, Flugzeug und Radio her. Die Europäer wurden die Entdecker, alle anderen die entdeckten Menschen. Das technische Zeitalter ergriff dadurch die Menschheit und begründete die Weltgeschichte, die jetzt erst begonnen hat.

Wir staunen: nach der langen Zeit der Lebensentfaltung auf der Erde, nach der kurzen Zeit des Daseins von Menschen nun diese Minute der Weltgeschichte von sechstausend Jahren und die Sekunden der durch das technische Zeitalter beginnenden Einheit der Menschheitsgeschichte.

Vielleicht hat sich noch niemals die Einmaligkeit der weltgeschichtlichen Situation dem Bewußtsein so aufgezwungen wie heute: Woher? wohin? warum? Ist dieser unser Augenblick heute Ende von allem oder Anfang unter ganz neuen Bedingungen?

2. Vom Kosmos her gesehen ist unsere Geschichte ein Wunder. Was auf unserem Planeten in einem abgelegenen Winkel einer der Milliarden von Milchstraßen in einem verschwindenden Augenblick der Zeit

geschehen ist und geschieht, ist das auch anderswo geschehen? Oder sind wir die einzigen Vernunftwesen?

Nicht das leiseste Anzeichen weist auf die Realität von anderen Vernunftwesen im Kosmos. Was wir als so selbstverständlich vermuten, kann mit guten Gründen auch bezweifelt werden. Zunächst: Die physikalischen und chemischen Bedingungen auf der Erde, die für das Leben unerläßlich sind, sind eine erstaunlich verwickelte Kombination innerhalb der möglichen Zustände der Materie, mit einer sehr engen Spannweite, jenseits derer das Leben sofort aufhören würde. Ich weiß nicht, ob das Maß der Wahrscheinlichkeit für das Vorkommen solcher physikalischen Bedingungen zu errechnen ist. Könnte das Ereignis des Lebens vielleicht nur einmal sein? Und das Zweite: Selbst wenn Leben mehrfach entstanden sein sollte, würden aus dem Leben immer auch Vernunftwesen entstehen? 500 Millionen Jahre gab es Leben auf der Erde, bevor Menschen oder die Vorstufen zum Menschen (erst seit einer halben oder einer Million Jahre) auftraten. Sind Vernunftwesen, wir Menschen, vielleicht nur einmal im Kosmos erschienen? Wir wissen es nicht.

Es handelt sich um etwas Faktisches, das grundsätzlich zu wissen möglich wäre, aber nur durch Erfahrung entschieden werden kann. Wir schwanken im bloßen Meinen hin und her. Erfahrung ist uns bisher nicht vergönnt. Kosmische Visionen von überall verstreuten Vernunftwesen und einem Verkehr zwischen ihnen haben eine eigene Großartigkeit, sind aber nur Fiktionen.

Wir sind einsam im Kosmos der leblosen Materie, ihrer Verwandlungen, Bewegungen, Explosionen und

Gestaltungen. Der Kosmos braucht uns nicht. Er bliebe, so ungeheuer wie er ist, derselbe, wenn das Stäubchen Erde und wir mit ihm verschwänden. Der Kosmos ist auch nicht für uns da. Plato oder Cusanus oder Kant haben gelehrt, ihn an sich und nicht als in Bezug auf uns geschaffen zu sehen. Er ist nicht Gebiet unserer Herrschaft, sondern vielleicht Gegenstand unserer Ehrfurcht.

Da wir aber von diesem Kosmos nur das Äußere des Materie-Seins kennen, schwanken wir zwischen Staunen und Gleichgültigkeit. Das Verhältnis von gewaltigem Kosmos und winziger Erdenwelt kann sich für uns umkehren: Unsere menschliche Welt ist doch allumfassend, groß durch den Gehalt unserer Geschichte, in der das Wissen vom Kosmos, sich wandelnd, als Moment unseres Geistes vorkommt.

3. Unsere Geschichte ist nicht Naturgeschichte. Sie ist nicht als Fortsetzung des zeitlichen Werdens des Kosmos und der Erde, der Entfaltung der Lebensgestalten auf der Erde zu begreifen. Sie ist grundsätzlich anderer Art. Naturgeschichte, ohne Bewußtsein, in Wiederholung des Gleichen durch lange Zeiträume, findet Millionen und Milliarden von Jahren statt. Unsere Geschichte vollzog sich in vergleichsweise kürzester Zeit. Sie veränderte, bei gleichbleibender biologischer Grundlage, in jeder Generation ihren Zustand. Sie steht im Zusammenhang von Handlungen, Überlieferungen, bewußten Erinnerungen. Im Kosmos und in der Natur sind wir bei dem Fremden, gegen uns Gleichgültigen. In der Geschichte sind wir bei uns selber. Es ist, als ob die Ahnen uns zuriefen und wir ihnen antworteten. Wir erwirken auf dem Boden der bleibenden Natur des

Menschen die nie sich identisch wiederholenden geschichtlichen Erscheinungen.

4. Geschichte heißt das Handeln und Schaffen unserer Vorfahren, die uns dahin brachten, wo wir unaufhaltsam weitergehen. Seit unvordenklichen Zeiten wissen Menschen von ihrer Geschichte durch Mythen und Legenden, seit der Erfindung der Schrift durch Aufzeichnung ihrer Erfahrungen und Handlungen, um sie dem Vergessen zu entziehen. Anders die Geschichtswissenschaft. Wir wollen wissen, was wirklich geschehen ist. Daher binden wir uns an die noch gegenwärtigen Realitäten, an die sogenannten Quellen, an die Dokumente, die Zeugenberichte, die Bauten und die technischen Leistungen, die dichterischen und künstlerischen Schöpfungen. Sie alle sind wahrnehmbar, aber so, daß in ihnen der gemeinte Sinn verstanden wird. Wissenschaft reicht so weit, als wir reale Überlieferung richtig verstehen und soweit wir Zeugen auf die Richtigkeit ihrer Aussagen prüfen können.

Die Reinheit des Inhaltes der Wissenschaft trennt sich vom Gehalt der Mythen und von dem Gehalt der heiligen Geschichten. Die Zeugnisse der heiligen Geschichten bezeugen nicht Tatsachen, sondern sind Bezeugungen in dem Sinne: »wir haben geglaubt, daß...«. Was Glaubende uns bezeugen, würden wir ohne Glauben auch als damals Anwesende nicht als Tatsache bezeugen können.

Wie alle Wissenschaften stößt die Geschichtswissenschaft auf Grenzen. Die enorme Erweiterung unseres Wissens in die Vergangenheit und in vorher unbekannte Gebiete hat die grenzüberschreitende Erwartung erzeugt: wir werden bis in den Anfang der Geschichte gelangen. Aber Wissenschaft lehrt die Bescheidung vor dem Geheimnis. Die Offenheit der noch nicht betretenen, nur durch wenige Zeichen sich kundgebenden Zeiträume ist zwar unabsehbar. Aber jeder Anfang, auch der Anfang eines Neuen innerhalb der Geschichte, stellt uns vor ein Dunkel, in dem der Ursprung für das Wissen verschlossen bleibt.

Grenze der Geschichtswissenschaft ist auch, daß wir die Gesamtheit der Geschichte nicht als ein sinnvolles Ganzes erkennen. Empirische Geschichtswissenschaft steht überall vor dem Zufall. Er ist die Grundtatsache dessen, was sie erforscht.

5. Ich kehre zurück zu unserer geschichtlichen Situation heute. Politisch, sozial, wissenschaftlich, technisch, geistig sind so radikale Wandlungen erfolgt, daß Alfred Weber vom Ende der bisherigen Geschichte gesprochen hat.

Wird, was kommt, überhaupt noch Geschichte im alten Sinne sein? Wird geistige Schöpferkraft noch anhalten oder sich auf das Technische beschränken? Wird Glaube dem Menschenleben Sinn verleihen oder mannigfacher Aberglaube es verdüstern? Wird eine Weise des Menschseins auftreten, in der wir uns gar nicht mehr wiedererkennen würden? Werden die geistigen Schöpfungen des Abendlandes, Chinas und Indiens nicht mehr verstanden werden? Wird die Selbstaustilgung durch die Atombombe das Ende sein?

Oder werden umgekehrt dem Menschen jetzt erst die größten Chancen eröffnet? Gehen wir auf einen Weltfrieden zu? Wird dieser durch die in Verträgen sich verbindenden selbständigen Staaten als Freiheit wirklich oder durch die Gewalt einer Erdherrschaft terroristisch errichtet? Wird, wie bisher in der Geschichte, das Überraschende, das Schöpferische, das Wunder zu einem neuen Menschsein führen, das die geschichtlichen Jahrtausende in sich birgt? Wird ein neuer Glaube das Menschsein tragen? Keine dieser Fragen erlaubt eine Antwort.

6. Nur auf eines gehe ich ein: das heute verbreitete Bewußtsein der Selbstzerstörung. Alles scheint mit einer unheimlichen Evidenz den Untergang des Menschen vorauszusagen.

Es geschieht die Verwandlung des Daseins in einen Prozeß des Produzierens und Konsumierens, in dem es hinausläuft auf immer schnelleren Wechsel der Güter. Alles verliert an Haltbarkeit: Wohnung, Kleider, Möbel, erspartes Vermögen. Man muß dem vorübergehenden Augenblick leben. Sparen erscheint als Dummheit. Ein Wirtschaftswissenschaftler kann bei Anlaß von vielleicht unzweckmäßigen Maßnahmen zur Bekämpfung der schleichenden Inflation ausrufen: »Was ist eigentlich los? Noch nie ist es den Menschen – außer den Rentnern – so gut wie jetzt gegangen. Ich sehe keine Weisheit darin, diesen Zustand zu zerstören.«

In der Welt der politischen Freiheit gehen die faktischen Handlungen der Menschen auf die Vernichtung dieser Freiheit zu. Aber es heißt: Die Freiheit ist unser kostbarer Besitz. Es war noch nie so herrlich. Wir können leben, wie wir wollen.

Der entstandene öffentliche Betrugszustand wird verschleiert, nicht ohne Folgen. Die Auflösung der Dauer in der materiellen Welt läßt auch die menschliche Umwelt verschwinden und ergreift das Menschsein selber. Die Treue in Ehe, Freundschaft, Beruf wird fraglich.

Überall dasselbe: Dauer hört auf, auf nichts ist Verlaß.

Die überlieferte geschichtliche Substanz wird verzehrt in der die Erde umfassenden technischen Lebensgestaltung. Die Umwelt schrumpft ein zur Maschine. Das technische Zeitalter bringt Bedingungen hervor, unter denen nichts Früheres mehr bestehen kann.

Ein aus dem Ursprung erfüllter Glaube findet kaum noch eine wirksame Sprache. Die seelische Verfassung wird leer, die Welt öde oder unfroher Schauplatz des Vergnügens.

Wir hören »Gott ist tot«. Aber die Kirchen blühen. Sie sind selbstbewußt. Die durch sie beruhigt lebenden Menschen sind zufrieden in den mächtigen Repräsentationen, die doch vielleicht morsche grandiose Kulissen sind.

Man fällt sich gegenseitig auf die Nerven. Die Tiefenpsychologie wird zur vollends verdunkelnden Zuflucht. Von der Pseudowissenschaft erwartet der Wissenschaftsaberglaube das Heil. Man denkt: Wenn nur erst alle Fiktionen und Ideologien aufgelöst sind, dann wird der bisher kranke, sich entfremdete Mensch gesund. Und Gesundheit ist das höchste Glück und Ziel.

So scheint es: alle Prozesse des Verderbens sind losgelassen. Setzen wir gegen sie, was heute an reichem geistigem Leben unzweifelhaft da ist, so ist auch dieses zweideutig: Die Wissenschaften machen ihre großartigen Entdeckungen; jedoch: sie werden in der Masse des Gefundenen nicht nur spezialisiert, sondern in der Spezialisierung selber den Endlosigkeiten preisgegeben, die sie nicht mehr meistern. – Die Technik übertrumpft noch immer die Erwartungen; jedoch: sie liefert gerade dadurch den Menschen der Zerstörung aus. – Die Dichtung spricht in wirksamen Gestalten; jedoch: das Eindrücklichste bringt sie im Verzweifelten, Empörten, Nihilistischen. — Die Kunst wird raffiniert in der Vielfachheit ihres Könnens, in der Vollendung ihrer Artistik; jedoch: sie ist am mächtigsten, wo sie das Antlitz des Menschen zum Erlöschen bringt.

Ist das nicht das Leben vor dem Ende? Ist die Produktivität unserer Zeit nicht die Flamme, in der dies im Kosmos Unvergleichliche, das Menschsein, glühend zugrunde geht? Soll das unerhörte Können heute ein zukunftsloses Leben sein, das sich, wo es sich dessen bewußt wird, vor der verschlossenen Pforte sieht?

Das Untergangsbewußtsein wurde Anlaß zu modernen Untergangsmythen, etwa: Die Geschichte schloß von Anfang an dies Ende in sich. Ihre Schöpferkraft war ein vorübergehender heller Schein auf dem Wege der von vornherein sich mitvollziehenden Selbstzerstörung. Warum erfolgt diese jetzt? Klages: In den achtziger Jahren des neunzehnten Jahrhunderts hat die Erdessenz den Planeten verlassen. H. G. Wells: Materie, Lebensprozeß, Erkenntnisprozeß, alle gelangen gleichzeitig aus der Notwendigkeit ihrer Natur in die Vernichtung.

Genug des Berichts von den Stimmungen, Anschauungen und Gedanken. Sie sind gewiß unwahr, wenn sie sich für zwingende Erkenntnis halten. Die Gegeninstanzen sind da. Aber sie können ebensowenig einen glücklicheren Gang der Zukunft erweisen.

Hüten wir uns vor einer Verleumdung der Gegenwart. Welche Freiheit und schlichte Würde in einzelnen Menschen heute, die, allen falschen Trost verwerfend, vor dem Äußersten in rückhaltloser Wahrhaftigkeit, aus dem Glauben des Nichtwissens schlicht ihr Tageswerk vollziehen und hochgemut sterben! Welche Leuchtkraft von Menschen, die sie selbst sind!

Wenn die Geschichte als der in ihr von vornherein angelegte Selbstzerstörungsprozeß der Menschheit aufgefaßt wird, so ist vergessen: Die Liebe, der Ernst, die Größe der Menschen, die Herrlichkeit der von ihnen geschaffenen Werke bezeugen durch ihr Zeichensein etwas, das jeden Untergangsprozeß übergreift.

7. Der Gang der zukünftigen Geschichte im ganzen ist völlig ungewiß. Sind an kleinen Zeichen der Freiheit vielleicht schon die höchsten Möglichkeiten der Zukunft fühlbar? Stand der Mensch nicht schon stets am Scheideweg?

Liegt in der Verzweiflung selber nicht noch die Ahnung eines das Unheil überwindenden neuen Menschseins?

Philosophierend können wir uns nie den Unheilsprophetien unterwerfen. Weil ich nicht weiß, darf ich hoffen in dem Maße als ich zu meinem Teil tue, was ich kann, um im Denken und in der Lebenspraxis gegen das Unheil die Zeichen zu setzen aus der Gewißheit des Ursprungs.

Das aber bedeutet: Geschichte und Gegenwart zu erblicken, das befriedigt nicht nur unser Wissen, nicht nur unsere Anschauung von Größe und Niedrigkeit des Menschen und von der Herrlichkeit seiner Werke. Das Wesentliche ist: es weckt die Verantwortung.

Wahrhaftigkeit verlangt, zu erkennen, was war. Die Geschichte ist aber auch Gegenstand unseres Urteils. Wir sollen uns entscheiden, wem wir folgen und was wir verwerfen. Die hohen Ansprüche unserer Ahnen, die wir als die unsrigen erkennen, sollen uns leiten.

Die Schuld unserer Vorfahren müssen wir auf uns nehmen, denn wir haften für sie. Unserer Herkunft können wir nicht entrinnen. Frei sind wir nur zum Mitbestimmen einer Zukunft aus dem durch unsere Geschichte Gegebenen.

Im Spiegel der Geschichte blicken wir hinaus über die Enge des nur Gegenwärtigen und sehen die Maßstäbe. Ohne Geschichte verlieren wir die Atemluft unseres Geistes. Verschleiern wir uns unsere Geschichte, so überfällt sie uns, ohne daß wir wissen wie. Dann führen uns narrende Gespenster der Vergangenheit.

Wir sind verantwortlich dafür, welche Aufgaben wir als die unsrigen erkennen. Unser Schicksal sehen wir heute mitbeschlossen im Schicksal der Menschheit. Unsere Aufgabe ist, das alle Menschen Verbindende zu finden.

Ein einziger Sinn aber des alle verbindenden Lebensgehalts, des Glaubens und der Lebensformen ist nicht zu erwarten und nicht zu wünschen. Er würde das zeitliche Offenbarwerden des Ewigen lähmen. Das Gemeinsame, alle Verbindende kann nur die politische Gemeinschaft eines Friedens auf Grund ständiger Kompromisse in Daseinsfragen sein. Diese fordert die Einmütigkeit in dem Willen zum Frieden; das aber bedeutet: die Einmütigkeit in den unumgänglichen Bedingungen eines dauernden Friedens.

Philosophie soll die Offenheit der Zukunft und die Grenzen jeder noch so herrlichen Gestaltung menschlicher Dinge zum Bewußtsein bringen und dadurch die Verantwortung in jeder neuen konkreten Situation steigern.

8. Aber dunkel bleiben Ursprung und Ziel. Wenn

die Geschichte uns überwältigt, bringt sie uns keine Ruhe. Wir möchten einen Ort außerhalb der Geschichte gewinnen, von dem her wir in der Geschichte leben.

Zunächst erfolgt der Rückstoß eines jeden Menschen auf sich selbst, auf seine Existenz mit den Schicksalsgefährten in ihrer gemeinsamen Umwelt. Sie sind zwar als Dasein völlig abhängig, aber in dem vergönnten Raum die eigene Ursprünglichkeit.

Der letzte Schritt: In dem Maße als wir zu uns selbst kommen und in den Grund der Dinge blicken, ist die Geschichte nicht mehr unser Gefängnis. Sie ist nur die unumgängliche Stätte, an der wir durch unser eigenes Tun und Erfahren zu dem gelangen, was eigentlich ist.

Würden wir aber aus der Geschichte heraustreten, so fielen wir ins Nichts. Ohne unser Dasein in der Geschichte haben wir keinen Leitfaden zu dem hin, was eigentlich ist. Ohne sie haben wir keine Sprache, in der wir indirekt hören von dem Grunde, dem wir entstammen und der uns trägt.

Wir können über die Geschichte nicht hinaus, aber indem wir sie gleichsam durchbrechen, wird sie von anderswoher durchstrahlt. Es ist, als ob ewige Gegenwart erfahren würde — quer zur Zeit — in der Erscheinung der Zeit.

III. DAS GRUNDWISSEN

1. Im Kosmos und in der Geschichte erweitern wir ständig die Grenzen unseres Wissens. Es ist, als ob wir uns in der unabschließbaren Unendlichkeit des kosmisch und des geschichtlich Realen verlieren. Vor beiden wird die verschwindende Geringfügigkeit unseres Daseins bewußt.

Aber der Kosmos? Er schweigt. Weiß er von sich? In seiner Stummheit finden wir nicht das geringste Zeichen, daß er ein Wissen seiner selbst hat. Wir aber wissen von ihm. Wir sind die außerordentlichen Wesen, die von dem Größten, dem Kosmos, wissen und ihn erforschen können. Das Bewußtsein der Nichtigkeit unseres Menschseins schlägt um in das Gegenteil.

Wenn wir vom Kosmos nichts wüßten, ist es dann nicht so, als ob er gar nicht wäre? Das klingt absurd. Aber wir fragen: Was wäre das für ein Sein, das nichts von sich weiß und das von niemandem gewußt wird? Wäre es bloße Möglichkeit des Gewußtwerdens? Etwas, das gleichsam wartet, daß es zur Erscheinung komme für ein Wesen, dem es erscheint? Sind wir, dieses Nichts im Kosmos, nicht das eigentliche Sein, nämlich das Auge, dem die Welt erscheint?

Und unsere Geschichte? Vor ihr sind wir uns der eigenen Kleinheit als Individuum bewußt, aber in einem andern Sinne. Wir verstehen, was Menschen gewesen sind, getan und hervorgebracht haben. Je mehr und je besser wir verstehen, desto heller sehen wir uns vor einer

Unendlichkeit, die uns nicht erdrückt. Sie nimmt uns auf. Unser Verstehen bringt uns in die Nähe des Größten. Wir tun ihm nie genug, doch sind wir trotz unserer Kleinheit bei ihm, von dem wir Antwort erhalten.

Was sind denn wir, diese Augen in der Welt, die sehen, wissen, verstehen? Wir sind als Vernunftwesen die Stätte – die einzige Stätte, die wir kennen –, an der offenbar wird, was ist, in unserem gegenständlichen Denken, in unserem Verstehen, in unserem Handeln und Schaffen, in jeder Weise unserer Erfahrung.

Nun aber noch mehr: Wir sind nicht nur Bewußtsein, sondern Selbstbewußtsein. Es wird nicht nur Seiendes offenbar, sondern dieses Offenbarwerden selber wird sich offenbar.

Wir tun einen Sprung: vom verstandesmäßigen Erkennen der Gegenstände zum ungegenständlichen Selbstbewußtsein dessen, was wir dabei vollziehen und erfahren.

Der Boden, den wir mit solchem Sprung erreichen, ist, vom Weltwissen her gesehen: nichts; von der philosophischen Frage her gesehen: die Möglichkeit der Gründung eines neuen Seinsbewußtseins. Wir nennen es Grundwissen.

Es zu entwickeln, das bedeutet gleichsam über den eigenen Schatten zu springen oder auf dem Kopf zu gehen. Versuchen wir es!

2. Wenn immer wir denken, sind wir als Ich auf Gegenstände, als Subjekte auf Objekte gerichtet.

Diese Beziehung ist einzigartig, mit keiner anderen Beziehung in der Welt vergleichbar. Das Ich meint einen Gegenstand. Dieses meinende Gerichtetsein ist um so entschiedener, je deutlicher wir denken. Es ist das Wachsein.

Dies ist der uns jeden Augenblick selbstverständliche, aber selten bedachte Tatbestand. Bedenken wir ihn, so wird er nur immer erstaunlicher.

Wie kommen wir zum Gegenstand? Dadurch, daß wir ihn meinen und ihn meinend mit ihm umgehen, hantierend mit greifbaren, denkend mit gedachten Gegenständen.

Wie kommt der Gegenstand zu uns? Dadurch, daß wir von ihm leibhaftig getroffen werden, daß wir ihn auffassen, wie er sich uns gibt, daß wir ihn als Gedankengebilde hervorbringen, das sich uns als richtig aufzwingt.

Ist der Gegenstand an sich da? Wir meinen ihn als solchen, der ist und zu dem wir hinzukommen. Wir nennen ihn ein Etwas, ein Ding, einen Sachverhalt, ein Objekt. Doch er ist so, wie er sich zeigt, für uns. Weil wir sind, ist er so, wie er ist.

Sind wir etwa als Subjekte an sich da, die Ausschau halten nach Objekten, die ihnen vorkommen oder denen sie begegnen? Doch bevor wir suchen, muß immer schon ein Gegenstand für uns da sein; denn unserer selbst sind wir erst bewußt, wenn wir zugleich auf Gegenstände gerichtet sind. Kein Ich ist ohne einen Gegenstand und kein Gegenstand ohne Ich. Dasselbe mit anderen Worten: Kein Objekt ist ohne Subjekt, kein Subjekt ohne Objekt.

Wenn sie aber nicht ohne einander sind, wie gehören sie dann zu einander? Wenn sie nicht von einander trennbar sind, was ist denn das zusammenhaltende Eine, worin sie doch so getrennt sind, daß das Subjekt auf das Objekt meinend gerichtet ist?

Wir nennen es das Umgreifende, das Ganze von

Subjekt und Objekt, das selber weder Subjekt noch Objekt ist.

Die Subjekt-Objekt-Spaltung ist die Grundstruktur unseres Bewußtseins. In ihr gelangt der unendliche Gehalt des Umgreifenden erst zur Helligkeit. Alles, was ist, muß in dem Umgreifenden der Subjekt-Objekt-Spaltung vorkommen.

Aber das Umgreifende selber können wir nicht als Gegenstand denken, denn dann wäre es zum Objekt geworden. Wollen wir es denken, so müssen wir den Boden preisgeben, den wir in den Gegenständen haben, die wir, sie meinend, vor uns haben. Daher suchen wir einen anderen Boden, der weder Objekt noch Subjekt ist.

Dahin zu gelangen, vollziehen wir das, was wir die philosophische Grundoperation nennen. Diese ist nicht eine Forschungsmethode. Mit ihr geschieht etwas in uns. Ihre sprachliche Mitteilung in Denkfiguren bringt nur Leitfäden. Sie sind nicht anwendbar, um etwas zu erkennen, aber mit ihnen werden uns hell die Weisen des Offenbarwerdens des Seins.

3. Etwa so: Wenn das, was ist, weder das Objekt noch das Subjekt, weder Gegenstand noch Ich ist, sondern das Umgreifende, das in seiner Spaltung sich offenbart, dann ist alles, was in der Spaltung vorkommt, Erscheinung. Was für uns ist, das ist Erscheinung als Hellwerden des Umgreifenden in der Subjekt-Objekt-Spaltung. Was wir wahrnehmen, das steht mit der Weise seiner sinnlichen Realität in Raum und Zeit; was wir denken, das steht in den Formen der Denkbarkeit. Es ist dergestalt nicht an sich, sondern in der Spaltung für mich.

Nicht etwa ist unsere Welt eine scheinbare Welt im Gegensatz zu einer anderen, wirklichen Welt. Es gibt nur eine Welt.

Aber die Frage ist, ob diese, so wie sie in der Subjekt-Objekt-Spaltung erfahren wird, schon das Sein selber ist und ob dieses Sein nichts anderes ist als die erkennbare Welt.

Die Antwort: Die Welt ist nicht Schein, sondern Realität. Aber diese Realität ist Erscheinung. Als Erscheinungshaftigkeit ist sie getragen von der Wirklichkeit, von dem Umgreifenden, das selber nirgends als Realität in der Welt, als erforschbarer Gegenstand vorkommt.

4. Die Weise des die Subjekt-Objekt-Spaltung Umgreifenden ist nicht eine. Werfen wir einen kurzen Blick auf diese Mannigfaltigkeit.

Wir hören etwa: die Farben seien nicht objektiv, sondern entständen durch die Wirkung der elektromagnetischen Wellen auf das Sinnesorgan als subjektive Erscheinungen. Objektiv seien nur die Wellen, die Welt an sich sei farblos und lichtlos. Aber nein! So wäre es doch nur dann, wenn die Materie, der Gegenstand der Physik, das Sein an sich und nicht selber nur eine Weise der Erscheinung wäre. Es ist ganz anders. Für das Subjekt des sinnlichen Wesens sind die Farben durchaus objektiv. Die physikalische und biologische Erkenntnis zeigt zwar Bedingungen, unter denen die Farben als Realität auftreten. Keineswegs aber sind Farben aus farblosen Wellen zu erklären. Darauf gibt es Hinweise, zum Beispiel: Der linearen Reihe der Wellenlängen, einem kleinen Ausschnitt aus der viel größeren Reihe der elektromagnetischen Wellen, entspricht nicht eine lineare Reihe der Farben, sondern ein Farbenkreis, der sich in sich schließt. Es gibt eine Objektivität des Farbigen, die als solche untersucht wird, ohne Rücksicht auf die physikalischen Bedingungen ihres Auftretens. Zur Objektivität der Farben gehört die Subjektivität in dem beides umgreifenden lebendigen Dasein.

So ist es mit allem Lebendigen. Das Leben ist, wie wir in der ersten Vorlesung hörten, nicht als lebendige Substanz, als ein lebendiger Körper schon genügend aufzufassen. Es ist vielmehr ein Ganzes aus Innenwelt und Umwelt, in je besonderer Gestalt. Wer Leben hervorbrächte, müßte je eine umgreifende Welt von Inwelt und Umwelt schaffen.

Wir nennen das Leben Dasein. Das lebendige Dasein nennen wir das Umgreifende, das, in Inwelt und Umwelt gespalten, beide auf einander bezogen hält. Wir Menschen sind eine Weise dieses lebendigen Daseins, sind als solche eine der Gestalten des Lebens.

Diese Weise des Umgreifenden, das lebendige Dasein, weiß nichts von sich. Wir wissen es, weil wir Menschen auch eine andere Weise des Umgreifenden sind: Das Denken, das meinend auf Gegenstände gerichtet ist und sich selber denkt. Dies Umgreifende ist nicht nur Bewußtsein in der Mannigfaltigkeit seines Daseins, sondern richtiges oder falsches Bewußtsein. Das falsche nur subjektive ist endlos vielfach, das richtige objektive ist nur eines, das alles Denkbare und Wißbare in sich schließt und von keinem einzelnen daseienden Bewußtsein erreichbar ist. Wir nennen es daher Bewußtsein überhaupt.

Was die objektiven Farben und Töne in Beziehung

auf die Sinnlichkeit des Daseins sind, dem kann man vergleichen die Beziehung zwischen dem subjektiven Denken und dem objektiv Gedachten. Denken vollzieht sich in Aussagen – Kategorien – und trifft auf Gedachtes. Wir sagen, etwas sei Ursache, Substanz, Realität usw. Diese Kategorien sind vom Subjekt des Bewußtseins überhaupt erzeugt und zugleich die objektiven Kategorien, in denen alle erkennbaren Dinge für uns stehen. Die Kategorienlehre als Lehre von den Aussageformen unseres Denkens ist zugleich Lehre von den Formen der Dinge selber, die uns vorkommen. Das Umgreifende des Bewußtseins überhaupt hält die objektiven denkenden Aussagen zusammen, ohne selber Subjekt und Objekt zu sein.

Wir sind nun weiter nicht nur lebendiges Dasein und Bewußtsein überhaupt. Wir sind »Geist«, der Bilder und Gestalten schafft. In den schöpferischen Anschauungen unserer subjektiven Phantasie zeigt sich eine geistige Objektivität. Eine ist nicht ohne die andere.

Schließlich und zuerst und eigentlich sind wir als mögliche Existenz Freiheit. Existenz in ihrer Freiheit weiß sich bezogen auf Transzendenz, durch die sie sich geschenkt wird. Die Wirklichkeit unserer Existenz ist das Selbst in seinem zeitlichen Werden. Sie ist in unserer Liebe, sie spricht als Gewissen, sie verbindet als Vernunft. –

Als Dasein sind wir die Mannigfaltigkeit sich selbst behauptender Einzelwesen. Als Bewußtsein überhaupt sind wir das eine in unseren vielfachen Daseinssubjektivitäten mehr oder weniger gegenwärtige Subjekt des Denkens überhaupt. Als Geist sind wir die Phantasie in den uns durch unsere Schöpfungen entgegenkommenden Gestaltenreichen. Als Existenz sind wir das Selbstwerden in Bezug auf die Transzendenz, auf den Grund der Dinge.

Wenn ich sage, wir seien lebendiges Dasein, Bewußtsein überhaupt, Geist, Existenz, dann meine ich nicht, daß wir ein Aggregat dieser Weisen des Umgreifenden seien. In uns durchdringen sie sich, dienen einander, kämpfen miteinander.

Wie die Weisen des Umgreifenden zusammengehalten werden im Dienst der allen erst Gewicht gebenden Existenz, oder wie sie umgekehrt gleichsam ausbrechen zur Eigenmächtigkeit der vereinzelten Daseinsansprüche, zur Richtigkeit des Bewußtseins überhaupt, die schon die Wahrheit selbst sein will, zur Welt des Geistes, die bezaubert in der Unverbindlichkeit, das ist der nicht aufhörende Kampf in der Erscheinung der Weisen des Umgreifenden.

Das philosophisch entwickelte Grundwissen, das wir hier nur nennen, nicht entfalten können, macht den Raum frei durch Helligkeit unseres darin sich strukturierenden Selbstbewußtseins. Es löst aus Beschränkungen. Die Medien werden durchsichtig, in denen wir als Existenz wirklich werden.

5. Ich kehre zum Anfang zurück: Das Grundwissen bringt uns vermöge der philosophischen Grundoperation das Bewußtsein der Erscheinungshaftigkeit unserer zeitlichen Realität. Dies hat Folgen in unserer inneren Verfassung.

Die Realität ist Erscheinung, aber nicht die Wirklichkeit an sich selber. Wir sind in diese reale Welt geworfen, in der wir mit den Mitteln allgemeingültigen wissenschaftlichen Erkennens uns orientieren, nicht aber über sie hinausblicken. Erst die philosophische Einsicht befreit uns aus der Gefangenschaft in diese Welt.

Der erste Schritt dieser philosophischen Einsicht ist, sich über das Selbstverständliche zu verwundern: was das sei und bedeute, daß wir als Subjekte auf Gegenstände meinend gerichtet sind und daß alle Helligkeit für uns in dieser Spaltung liegt. Aus diesem Sichverwundern über das jeden Augenblick Gegenwärtige, das bis dahin Selbstverständliche und Unbefragte, das vorher nicht einmal bewußt Aufgefaßte, führen die Fragen weiter:

Ist dieses Leben in der Erscheinungswelt wie ein Erwachen aus dem Schlafe, aus dem Dunkel des unvordenklichen Unbewußten? Ist dies die einzige Helligkeit, die es gibt? Oder ist dieses Leben in der Subjekt-Objekt-Spaltung ein Leben wie im Traum? Ist diese Helligkeit in der Tat eine Verdunkelung des eigentlichen Seins und meiner selbst? Die Antwort wird durch keine Erkenntnis gegeben, sondern, so wunderlich das auch klingt, durch den Entschluß.

Will ich die reale Welt mir gleichgültig werden lassen? Will ich sie nur erleiden, ohne mich auf sie einzulassen? Will ich für nichts verantwortlich sein? Will ich leben, als ob ich gar nicht sei? Dieser Weg wurde in manchen Richtungen asiatischen Denkens beschritten: »Sein ist Schein« und »Schein ist Sein« lautet eine Formel in einem taoistischen Roman, der das menschliche Leben in seinem verwirrenden Zauber, seiner Schönheit, seiner Gemeinheit, seinem Heil und Unheil, seinen Täuschungen und Entlarvungen, seiner Sinnlosigkeit als ein nichtiges Spiel zeigt. Solche Sätze sprechen eine innere Verfassung aus, in der alles verschwebt, verweht, vergeht.

Oder will ich durch meine Lebenswirklichkeit, meine Verantwortlichkeit und das Erkennen zur Helligkeit in dieser Erscheinungswelt gelangen in der Erwartung, daß es für uns der unumgängliche Weg ist zu jeder darüber hinaus liegenden möglichen Helligkeit von anderswoher? Dann ist uns die Erscheinung nichts weniger als Schein, das Leben kein Traum. Die Einsicht aber, daß unser gesamtes endliches Erkennen immer zugleich ein Zustand der Befangenheit ist, verlieren wir nicht. Die Frage ist: Können wir denkend gleichsam außerhalb unseres Erkennens einen Ort finden, von dem her dieses Erkennen im ganzen durchschaubar ist? Von dort her gelange ich zwar nicht zu einem neuen Wissen und zu neuen Zielen in der Welt, aber ich verwandle von dorther mein Seinsbewußtsein und damit mich selbst.

Solchen Fragen hingegeben erkennen wir nur an, was wir längst als Wirklichkeit in uns trugen, aber durch Befangenheit in den Realitäten der Erscheinung noch nicht dachten.

6. Schon mit der Einsicht in die Erscheinungshaftigkeit des Daseins haben wir durch unser Seinsbewußtsein das Gefangensein in Subjekt-Objekt-Spaltung durchbrochen. Aber wir bleiben, indem wir es erkennen, in dem Gefängnis. Unsere Befangenheit ist gewichen, nicht unsere Gefangenschaft. Ein Licht ist uns aufgegangen, in dem alles sich verwandelt, aber es zeigt sich keine andere Realität. Nach einer solchen aber möchte unser sinnliches Verstandensein greifen können. Wir möchten die Subjekt-Objekt-Spaltung

nicht nur durchschauen, sondern über sie hinaus jenseits ihrer Fuß fassen. Zwei für uns nicht gangbare Wege sind beschritten worden.

Der erste Weg führt aus der Welt hinaus. Die Erfahrungen einer mystischen Vereinigung mit dem Sein selbst (unio mystica) sind kaum zu bestreiten. Aber es sind Erfahrungen ohne Mitteilbarkeit für den, der aus jener Erfahrung in diese gemeinsame Welt zurückkehrt. Ihre Deutung ist vielfach und fraglich. Trotz der Flut der bilderreichen Aussagen sind sie nicht zu verstehen, außer von denen, die sie selber kennen. In der Bewußtlosigkeit oder »Überbewußtheit« des Unmittelbaren der unio sind Gegenstände und Ich verschwunden. Jede Bewußtheit von Etwas und von mir selbst ist aufgelöst. Die Subjekt-Objekt-Spaltung ist nicht mehr da. Es handelt sich, von uns her gesehen, um einen Ausnahmezustand, aus dem der ihn Erfahrende zurückkehrt und etwas mitzubringen scheint, als ob es ein Wissen sei. Er ist überwältigt, als ob ihm die letzte Einweihung zuteil geworden sei. Aber im Medium der Sprache unseres uns alle verbindenden Bewußtseins ist die Erfahrung, die alles zu sein schien, wie nichts. Man darf sich daher nicht auf sie berufen.

Wem die echte mystische Erfahrung nicht vergönnt ist, der weiß nur, daß sie praktisch in der Welt auch für ihn ohne Folgen wäre.

Auf dem zweiten Wege wird eine jenseitige, andere, vermeintlich reale Welt zum Gegenstand. Leibhaftig steht sie in Visionen vor Augen. Sie bezwingen den, der von ihnen ergriffen ist. Sie werden zu rational geformten Gebilden. Solche übersinnlichen Visionen gibt es als reale und ursprüngliche Erfahrung bei Geisteskranken. Andere können mit ihrem »normalen Bewußtsein« sie nur nachvollziehen, indem sie zuhören und ihre Phantasie spielen lassen.

Wer es nicht aushält in der schwebenden Sprache der Chiffern und wer die Erschütterungen des Schicksals nicht erträgt, der wird in diesem Wissen des Übersinnlichen befreit von seiner Freiheit, erlöst aus den Grenzsituationen, entlassen aus den Fragen Hiobs. Er hat etwas in der Hand.

Aber der Preis ist der Verlust der Wahrheit. Wir sehen hier Täuschung, Selbsttäuschung, Verführung. Mystik und Visionen helfen uns nicht. Nur in der Subjekt-Objekt-Spaltung selber können wir durch Helligkeit der Verwirklichung dahin gelangen, wo wir in ihr, durch sie des Umgreifenden gewiß werden. Dann verfallen wir weder an das Objekt noch an das Subjekt, sondern leben im Umgreifenden.

7. Unsere bisherigen Vorlesungen zeigen, daß das philosophische Denken nicht von einer einzigen Art ist.

Als wir über den Kosmos und über die Geschichte sprachen, suchten wir an die Grenzen zu gelangen. Die Grenzen als solche haben die Anziehungskraft, so daß das Wissen selber nur stattzufinden scheint, um diese Grenzen zu erfahren. Das ist eine Methode des Philosophierens. Sofern der Forscher selber von diesem Antrieb beseelt ist, um, von ihm geführt, nur um so genauer in das konkret Wißbare einzudringen, handelt es sich um die Philosophie in der Wissenschaft.

Eine ganz andere Methode brauchten wir in der heutigen Vorlesung: Statt von Gegenständen in der Welt gehen wir aus von dem Gegenwärtigen: wir vergewissern uns, wie wir uns in der Welt finden. Das Umgreifende ist nur, sofern es sich in der Spaltung von Ich und Gegenstand erscheint und sich gleichsam als Gegenstand seiner selbst in der Subjekt-Objekt-Spaltung bewußt wird. Solche Vergewisserung ist für ein wissenschaftliches Wissen, das an Gegenstände gebunden ist, nichts. Es bringt kein Wissen, sondern erhellt unser Seinsbewußtsein. Der Sprung zu ihm ist für den Verstand nicht möglich. Er geht mit dem Verstand über den Verstand hinaus, ohne ihn zu verlieren.

Es handelt sich um eine andere Denkerfahrung. Ein im gegenständlichen Denken nicht selber Greifbares wird gegenwärtig. Wir gewinnen einen Raum, in dem nicht mehr ein Erkennen von Etwas stattfindet. Wir gelangen in Horizonte, die nicht mehr etwas bisher Unbekanntes in der Welt zeigen, wenn wir uns in ihnen bewegen.

Es ist ein Denken, für das unsere Welt in einen Lichtschein treten kann von anderswoher. Was als bloßes Weltsein ohne die Dimension der Tiefe bliebe, wird von dorther aufgeschlossen.

IV. DER MENSCH

1. In den ersten beiden Vorlesungen wurden Naturwissen und Geschichtswissen auf ihre Grenzen hin befragt. In der dritten Vorlesung wurde die Denkrichtung umgekehrt auf das Wesen des Wissenden und des Gewußtseins selber. Wir wurden uns des Erscheinens von allem, was für uns ist, in der Objekt-Subjekt-Spaltung bewußt. Das Umgreifende, das in der Erscheinung der Spaltung sich hell wird, ist selber weder Objekt noch Subjekt. Wir nannten seine Vergegenwärtigung im Unterschied von Natur- und Geschichtswissen das Grundwissen.

Alles aber, wovon wir sprachen, trifft zusammen im Menschen: Natur, Geschichte, das Umgreifende. Wir gehören erstens als aus Materie geformte Lebewesen zur Natur als eine Art der Tiere. Wir gehören zweitens als denkende und handelnde und schaffende Wesen zur Geschichte, die wir hervorbringen und der wir zugleich ausgeliefert sind. Wir sind drittens das Umgreifende, das Natur und Geschichte gleichsam in sich schließt. Nachdem wir in unserer Erscheinung, durch Natur und Geschichte zu dem geworden sind, was wir jetzt sind, ist es doch so, als ob wir zugleich von außerhalb der Natur und der Geschichte her kämen und erst dort unseren Ursprung und nun unser Ziel hätten.

Dieses Wesen des Menschen ist unvergleichlich. Der Mensch, der wir sind, scheint das Selbstverständliche und ist das Rätselhafteste nicht bloß unter allen anderen Dingen in der Welt. Seltsam, scheinbar maßlos ist das auf vielfache Weise ausgesprochen worden, etwa: Der Mensch ist gleichsam alles: die Seele ist alles, sagte Aristoteles. — Der Mensch ist nicht Tier und nicht Engel, sagte ein mittelalterliches Denken, zwischen beiden aber hat er an beidem, dem Tiersein und Engelsein teil; als Mitte alles Geschaffenen aber ist er ausgezeichnet nicht nur vor den Tieren, sondern auch vor den Engeln; er allein ist das Ebenbild der Gottheit. — Der Mensch hat eine in ihm tief verborgene »Mitwissenschaft mit der Schöpfung«, sagte Schelling, denn der Mensch war im Ursprung dabei.

2. Woher immer wir kommen mögen, wir sind da. Wir finden uns in der Welt mit anderen Menschen.

Die Natur ist stumm; wenn sie Ausdruck von Etwas zu sein scheint in ihren Gestalten, ihren Landschaften, in ihren tobenden Stürmen, in ihren vulkanischen Ausbrüchen, in ihrem leisen Winde, in ihrer Stille, so antwortet sie doch nicht. Tiere reagieren sinnhaft, aber auch sie sprechen nicht. Nur der Mensch spricht. Das wechselweise fortlaufende Verstehen in Rede und Antwort gibt es nur unter Menschen. Nur beim Menschen gibt es das Bewußtsein seiner selbst im Denken.

Allein ist der Mensch in der unermeßlichen, sprachlosen Welt. Er erst leiht der Stummheit der Dinge von sich aus Sprache. Das Schweigen der Natur kann auf ihn wirken einmal als ein unheimlich fremdes, als ein erbarmungslos gegen uns gleichgültiges, dann als ein Vertrauen erweckendes, uns tragendes und helfendes Schweigen. Einsam ist der Mensch als Glied der Natur. Erst in Gemeinschaft mit seinen Schicksalsgenossen wird er Mensch, er selbst, ist er nicht allein. Dann wird die Natur für ihn Hintergrund eines sprachlos sprechenden Dunkels. Wir selbst erscheinen uns als Licht in der Welt, als das, worin die Dinge erst hell werden, weil sie von unserem Denken und unserem Umgang mit ihnen ergriffen sind.

3. Aus der Welt begreifen wir uns als dies leibhafte, lebendige Dasein, ohne das wir nicht sind. Wir sind an dies Dasein gebunden, bewegen uns in ihm, erfahren die Leiblichkeit als die unsere bis zur Identifizierung mit ihr. Wenn wir aber uns preisgeben an das naturhafte Gewordensein aus Materie und Leben, so verlieren wir das Bewußtsein unserer selbst. Denn als identisch mit unserer je eigenen Leiblichkeit sind wir noch nicht wir selbst.

Wir begreifen uns nicht aus der Geschichte, außer durch die Realität der Überlieferung, ohne die wir nicht zu uns gekommen wären. Wenn wir aber uns preisgeben an den wißbaren Geschichtsprozeß, in dem wir uns heute finden, so verlieren wir das Bewußtsein unserer eigenen ursprünglichen Verantwortung. Denn erst durch diese, noch nicht im Anschauen der Geschichte, sind wir wir selbst.

Begreifen wir uns dann aus uns selbst in der Freiheit unseres inneren und äußeren Handelns? Hier gelangen wir in die Tiefe und den Ursprung unseres Selbstbewußtseins. Aber wir begreifen nicht die Existenz unserer Freiheit. Denn wir haben uns nicht selbst geschaffen: weder als Dasein, als das wir geboren werden, noch als Freiheit, in der wir uns, indem wir in ihr uns ergreifen, geschenkt werden.

4. Wenn wir uns nicht begreifen aus unserer Her-

kunft, können wir dann doch wenigstens wissen, was wir sind?

Das Wesen des Menschen wurde bestimmt als das Lebewesen, das Sprache hat und denkt (zoon logon echon) — als das Lebewesen, das durch Handeln seine Gemeinschaft als Stadt — polis — unter Gesetzen aufbaut (zoon politikon) —, als das Wesen, das Werkzeuge hervorbringt (homo faber), mit Werkzeugen arbeitet (homo laborans), seine Daseinsversorgung durch gemeinsame Wirtschaft beschafft (homo oeconomicus).

Jede dieser Bestimmungen trifft etwas Kennzeichnendes. Aber das Entscheidende fehlt: Der Mensch ist nicht als ein Sosein zu fassen, das in diesen Typen seines Seins immer wiederkehrt. Vielmehr ist das Wesen des Menschen in Bewegung: der Mensch kann nicht bleiben, wie er ist. Er befindet sich in ständigem Wandel seines gemeinschaftlichen Zustandes. Er ist nicht wie die Tiere ein in seiner Wohlgeratenheit sich von Generation zu Generation wiederholendes Wesen. Er drängt über das, wie er sich gegeben ist, hinaus. Er wird jeweils unter neuen Bedingungen geboren. Jeder Geborene ist nicht nur gefesselt in vorgezeichneten Bahnen, sondern auch ein neuer Anfang. Der Mensch ist, nach Nietzsche, das »nicht festgestellte Tier«. Das Tier wiederholt nur, was schon war, und kann nicht weiter. Der Mensch kann umgekehrt seinem Wesen nach nicht so sein, wie er nun einmal ist. Er kann in Sackgassen, Entartungen, Verkehrungen, Selbstentfremdungen geraten. Er bedarf der Rettung, der Heilung, der Befreiung, des Zu-sich-selbst-Kommens. Das aber geschieht nicht in einer allgemeingültig gewußten oder geglaubten Richtung eines allein wahren Menschseins.

5. Wer aber ist der Mensch, der sich erkennt in seiner Gebundenheit an Volk, Rasse, Geschlecht, an Zeitalter, Kulturkreis, gesellschaftliche und wirtschaftliche Situation, und der trotzdem sich zu lösen vermag, sich gleichsam außerhalb und über all dieses stellt, in das er sich geschichtlich einsenkt?

Alles, was wir vom Menschen wissen und der Einzelne von sich weiß, das ist nicht er selbst. Woran er gebunden ist, mit dem geht er um, ist nicht schlechthin mit ihm identisch. Aus seinem Ursprung kommt die Frage, die ihm zum Hebel wird, sich aus dem Versinken emporzuheben. Von dort hört er den Anspruch, der ihm keine Ruhe läßt. Von einem nie Begriffenen her, dem er anzugehören glaubt, wenn er er selbst wird, erfüllt sich sein Seinsbewußtsein.

Der Mensch und kein einzelner Mensch weiß, wer er eigentlich ist, wenn er sich getragen weiß aus jenem Grunde, über den er keine Macht hat. Alles Wissen von dem, was er sei, trifft Erscheinungen, deren Voraussetzungen und Möglichkeiten in ihm. Er ist nicht identisch mit ihnen, aber er übernimmt sie auf dem Wege, auf dem er zu sich selbst kommt.

6. Wir tragen Bilder vom Menschen in uns und wissen von Bildern, die in der Geschichte gegolten und geführt haben.

Weil wir aber im Bilde nicht feststellen können, was der Mensch eigentlich sei, sein könne und sein solle, haben wir eine Verantwortung auch für die Bilder, die uns führen.

Menschen leben nicht ohne Bilder von sich. Im Kampf der Bilder kommen wir zu uns selbst. Bilder haben den Menschen jederzeit umgeben: in mythischen

Gestalten der Heroen, in griechischen Göttern, die gleichen Wesens mit den Menschen, von diesen nur durch Unsterblichkeit ausgezeichnet waren. Bilder umgeben ihn in den Gestalten der Weisen, der Propheten, der Heiligen, in Gestalten der Dichtung. Wie umgeben sie ihn heute? Sind es noch Leitbilder, die in den Stars der Bühnen, des Sports, der Filme, in Politikern, Schriftstellern, Forschern sich zeigen, oder sind es nun keine eigentlichen Bilder mehr?

Der Kampf der Menschenbilder geht in uns um uns selbst. Wir haben Abneigung gegen und Neigung zu Bildern, die uns in einzelnen Menschen begegnen. An ihnen orientieren wir uns wie an Vorbildern und Gegenbildern. Wir fragen uns wohl: was würde dieser Mensch jetzt in dieser Situation tun, was würde er sagen?

Wir neigen im Absinken zur Rechtfertigung der eigenen Gemeinheit durch Anblick des Gemeinen. Wir suchen, um besser zu uns selbst zu kommen, die Menschen, die wir verehren können. Wir werden wir selbst in denen, die wir lieben. Wir verlieren uns in denen, denen wir uns überlegen dünken.

Die Abwehr gegen hohe Menschenbilder sagt: »Ich will gar nicht so sein, ich will sein wie alle«, »menschlich ist es, an der menschlichen Niedertracht teilzunehmen und nicht hochmütig besser sein zu wollen; das ist die eigentliche Humanität.« »Persönlichkeiten sind Idole vergangener Zeiten, es gibt sie heute nicht mehr.« »Ich will sein, was unserem Zeitalter entspricht und von ihm gefordert wird.« Dagegen steht die Ehrfurcht vor dem Adel des Menschen, der uns jederzeit begegnet. Er zieht uns heraus. Erst die Ehrfurcht vor dem Adel ist auch der Ursprung der Ehrfurcht vor jedem einzelnen Menschen als vor der hohen Möglichkeit in ihm: denn er ist Mensch. Sie ist der Ursprung der Ehrfurcht vor mir selbst, die es nicht erträgt, etwas zu tun, zu fühlen, zu denken, weswegen ich mich verachten muß. Aber die verzweiflungsvolle Grenze ist, an der alle Liebe und alle Ehrfurcht scheitert: daß im Menschen etwas ist, das Shakespeare aus zweifelnder Qual im »Sturm« dichterisch durch Caliban — deutscher Wahn aus niederträchtigem Gehorsam real durch Hitler zeigte.

Ehrfurcht übersteigert den Menschen nicht ins Göttliche. Auch der größte Mensch hat wie der kleinste etwas uns Verwandtes. Aber aus dem uns gemeinsam beschwingenden, die unbestimmbaren Rangordnungen nicht aufhebenden Satz: »alle sind Menschen wie wir« macht eine böse Verkehrung den anderen, den herabziehenden, nivellierenden Satz: »alle sind bloß Menschen und uns gleich«.

7. Wir sagten: Der Mensch begreift sich nicht aus der Welt, nicht aus der Geschichte, nicht aus sich selbst.

Der Mensch, gebannt in sein Dasein, will über sich hinaus. Er findet kein Genüge, wenn er in sich abgeschlossen, in Ruhe, nichts weiter sein soll als die tägliche Wiederkehr des Daseins. Er weiß sich nicht mehr eigentlich als Mensch, wenn er nur so Mensch sein wollte, wie er nun einmal ist.

Über sich hinaus gelangt der Mensch noch nicht im bloßen Gefühl, noch nicht im Genuß mythischer Bilder, noch nicht im Schwärmen, noch nicht in erhebenden Worten, als ob darin schon Wirklichkeit wäre. Erst in seinem inneren und äußeren Handeln, in seinem

Verwirklichen wird er sich als er selbst bewußt, dem Leben überlegen – und drängt über sich hinaus. Das geschieht in zwei Richtungen: durch unbegrenztes Fortschreiten in der Welt und durch die ihm gegenwärtige Unendlichkeit in Bezug auf Transzendenz.

8. Das Fortschreiten in der Bemächtigung der Natur beginnt zugleich mit dem Anfang des Menschseins: der Erfindung des Feuermachens und der Werkzeuge. Aber zur zwingenden Not kommt etwas Anderes: der Mut im Wissenwollen und im Können, das Wagnis der Seefahrt, das unbezwingbare Erfahrenwollen, dies nie zu befriedigende, an jeder Grenze weiter darüber hinaus Drängende.

Der griechische Mythus sah in Prometheus den Gott trotzenden Titanen. Wir lesen bei Äschylus: Gegen Zeus, der die elenden Menschen zugrunde gehen lassen wollte, nahm er sich ihrer an. Er gab ihnen, womit sie sich selber helfen konnten, das Feuer und die tausendfache Techne, mit der sie herstellen, was sie zum Dasein brauchen, Hausbau, Schiffsbau, Verwendung von Eisen, Silber, Gold, die Zähmung des Stiers, daß er den Pflug zieht, des Pferdes, als dessen Reiter er weit in die Länder gelangt. Er lehrte sie Zahlen und Wissenschaften und Schrift. Prometheus gab den Menschen ihr Leben dadurch, daß er ihnen die Möglichkeit gab, es denkend durch eigene Tat hervorzubringen. Solche Selbständigkeit hat nicht in Zeus' Weltordnungsplan gelegen. Prometheus, dem Titanen, und sich selbst verdankt der Mensch, was er wird. »Nichts ist gewaltiger als der Mensch« heißt es bei Sophokles.

Was der Mensch kann, das aber ist auch sein Verhängnis. Dante schildert ein Unternehmen des Odysseus. Odysseus durchfährt die dem Menschen in den Säulen des Herakles gesetzte Grenze (die Straße von Gibraltar) mit seinen Genossen. Warum? »Daß nichts verhüllt mir bliebe.« Er überredet sie: »Versagt nicht eurem letzten Lebensrest, eins noch zu erfahren, ob es uns gelingt, den menschenlosen Weltteil zu gewahren. Nicht daß ihr wie das Vieh lebt, habt ihr Leben, vielmehr daß ihr nach Ruhm und Wissen ringt.« Das Meer verschlingt sie im Sturm, der im Südmeer vor dem Berg des Fegefeuers über sie kommt. Niemand hat es erfahren, bevor Odysseus in der Hölle es Dante berichtete.

Dantes Vision läßt uns Gegenwärtiges bedenken:

Dem Inhalt nach erscheint die Fahrt ins Südmeer heute eine Kleinigkeit. 1957 wurde der erste Erdsatellit, der russische Sputnik, in den Weltraum geschickt. Man geriet in einen Taumel der Begeisterung, noch mehr als bald ein bemannter Satellit den Kosmonauten wohlbehalten auf die Erde zurückkehren ließ. Leibhaftig war er da und berichtete, was noch nie ein Mensch gesehen hatte. Man konnte denken: Von nun an wird der Mensch den Kosmos in Besitz nehmen. Er ist nicht mehr an die Erde gefesselt. Sie ist ihm nur sein Ausgangspunkt. Vor Jahrzehntausenden wagte sich der Mensch mit dem ersten Floß auf das Wasser, schließlich umsegelte er den Erdball. Jetzt fährt er wie mit einem ersten Floß in den Weltraum, einst wird dieser sein eigen sein wie jetzt die Erde. Aber solche Meinung trügt. Wenn der Mensch auch wahrscheinlich noch viel weiter kommen wird als bisher, bleiben doch seine endgültigen physischen Schranken. Nicht in den Weltraum, sondern in den Raum unseres Sonnensystems ist er eingedrungen. In den Weltraum, um dort Fuß zu fassen, kann er nie gelangen. Die in den Maßen des Kosmos noch sehr geringe Entfernung zur nächsten Sonne (im Sternbild Kentaur) beträgt schon vier Lichtjahre. Sie durch einen Kosmonauten zu überwinden, ist bei den biologischen Voraussetzungen des menschlichen Daseins unmöglich. Das ist kein Unheil, aber eine Grenze.

Dem Sinn des mutvoll übermütigen Wissenwollens des Danteschen Odysseus entsprach der Anfang der Neuzeit in den Forschern und Entdeckern. Die Eroberung des Erdballs brachte eine neue großartige Phase in die Geschichte des Menschen. Heute aber ist mit den Sputniks der Sinn verwandelt. Die gefahrvollen Abenteuer eines Bergsteigers sind heute gehaltvoller als die der Kosmonauten, wie deren enttäuschende Berichte zeigen. Bei der Weltraumfahrt handelt es sich nur noch um eine technische Perfektion, geeignet, ein leeres Prestige zu erzeugen, vergleichbar den Höchstleistungen des technisch gewordenen Sports.

Das Prinzip aber der Danteschen Vision – der Untergang durch den Übermut des Wissenwollens und Könnens – ist heute in neuer Gestalt wirklich geworden. Denn die technische Verwirklichung ist zu dem Punkt gelangt, an dem die Selbstvernichtung der Menschheit in den Horizont des Möglichen getreten ist.

9. Der Mensch will über sich hinaus in ganz anderer Richtung, nicht mehr voran in der Welt, sondern in seiner Gegenwärtigkeit hinaus über die Welt, nicht mehr in die unstillbare, immer neue Unruhe seines zeitlichen Daseins, sondern in die Ruhe der Ewigkeit, in der Zeit quer zur Zeit.

Ruhe als Dauer in der Zeit ist dem Menschen nicht vergönnt. Sie wäre das Ende der Zeit. Der Augenblick der Ruhe in der Welt kann als Vollendung nicht bleiben. Es geht weiter. In dem vollendeten Augenblick, wenn er ihm vergönnt ist, strahlt das Licht ewiger Ruhe. Der Augenblick zeugt von der in uns verborgenen Stille, die nicht ganz hineingerissen wird in die Zeit.

Diese Stille ist in der Transzendenz gehalten, von der aufgenommen zu werden, gemeinsam mit unseren Schicksalsgefährten, unser Sinn ist. Die Unveränderlichkeit Gottes ist eine Chiffer dieser Ruhe. Dorthin drängt der Mensch über sich hinaus, nicht mehr in der Welt immer weiter, sondern zur Transzendenz, unserem Wissen verschlossen, kaum zu nennen.

Wenn die Erschütterung noch nicht erfahren ist und die Richtung des »darüber hinaus« zur Transzendenz nicht gewonnen wird, dann ist der Mensch eigentlich noch nicht er selbst. Er wäre nur lebendiges, rational denkendes Dasein, an dieses gefesselt. Gegen dies ihn erniedrigende Bild wurde daher der Mensch »das Gott schauende Wesen« genannt. Erst in Bezug auf Transzendenz wird der Mensch sich als eines freien Wesens bewußt in der Lebensüberlegenheit, die bei Menschen aller Völker und aller Zeiten angetroffen wird.

10. Wenn die Besinnung begonnen hat, dann wird der Mensch sich in seiner Ungewißheit, seinem Preisgegebensein, bewußt. Mut brauchen wir Menschen, wenn wir ohne Verschleierungen denken. Wir sollen vorangehen in das Dunkel, offenen Auges, nicht besinnungslos.

Mut erzeugt Hoffnung. Ohne Hoffnung kein Leben. Solange das Dasein währt, ist immer noch ein Minimum von Hoffnung, die aber wahrhaftig nur ist kraft des Mutes.

Hoffnung erweist sich als trügerisch im Scheitern des Daseins. Darum gesellt sich zur Hoffnung kraft desselben Mutes das Bereitsein, in dem der Mensch hochgemut dem Ende zugeht.

Hoffnung hat Sinn nur im Dasein. Sie geht nicht hinaus über die Zeit. Was aber, wenn in der Zeit alle Hoffnung schwindet? Jenes Bereitsein ist ein gegenstandsloses, im Selbstsein gegründetes Vertrauen, nicht jedem und nicht in jedem Augenblick vergönnt, nicht gesichert, Shakespeares »Reif sein ist alles«.

Es kann ausbleiben. Ich halte nicht stand vor der nackten Realität. Wem es zuteil wird, darf nicht selbstgewiß werden. Er darf die andern nicht vergessen, wenn er, im Bewußtsein, ein Mensch zu sein, den Menschen verbunden, redlich bleiben will, und er ersehnt Milde von ihnen, wenn er versagt.

11. Wir sahen: Auf die Frage, wer der Mensch sei, kann die Antwort nie genügen. Denn was der Mensch sein könne, bleibt immer noch in seiner Freiheit verborgen, solange er Mensch ist. Es wird nicht aufhören, offenbar zu werden durch die Folgen seiner Freiheit. Solange Menschen leben, werden es Wesen sein, die sich selbst immer noch zu erringen haben.

Wer nach dem Menschen fragt, möchte das eine wahre, gültige Bild des Menschen, ihn selbst sehen, und kann es doch nicht. Vertretung für das Unbestimmbare ist die Würde des Menschen. Der Mensch ist Mensch, weil er die Würde in sich und in jedem anderen anerkennt. In herrlicher Einfachheit hat es Kant gesagt: Kein Mensch darf vom Menschen nur als Mittel gebraucht werden. Jeder ist selbst Zweck.

V. POLITISCHE DISKUSSION

»Die Politik ist das Schicksal«, dieses Wort Napoleons ist, seitdem es im technischen Zeitalter totale Herrschaft gibt, furchtbarer als je.

Philosophie war selbst dann, wenn sie sich als apolitisch gab, immer auch von politischer Bedeutung. Denn im Philosophieren kommt der Mensch zu sich selbst. Von dort gewinnt er die Antriebe, sein Dasein im Miteinander aller politisch zu gestalten und zu beurteilen.

Heute beginne ich eine Reihe von Vorlesungen, die sich auf Politik beziehen, mit einem Vorspiel. Wie können politische Diskussionen aussehen?

1. In Diskussionen werden die Willensziele geklärt, Tatsachen erinnert. Man erfährt die Gegnerschaften. Man versucht zu überzeugen. Um fühlbar zu machen, wie in solchen Diskussionen Philosophie und das Ausbleiben von Philosophie wirkt, wähle ich als Beispiel ein erfundenes Gespräch zwischen zwei Deutschen, A und B.

A: Unser höchstes Ziel ist, durch kluges Manövrieren mit den Mächten die Wiederherstellung Deutschlands in den Grenzen von 1937 zu gewinnen.

B: Unser erstes Ziel scheint mir vielmehr die Entwicklung der noch sehr schwachen inneren politischen Freiheit in der Bundesrepublik. Sie allein steht in unserer eigenen Macht. Sie ist die Grundlage, auf der wir erst in Solidarität mit den freien Staaten des Abendlandes an der Selbstbehauptung auf der Erde mitwirken. In diesem Rahmen und nur durch ihn werden wir schließlich auch die Freiheit unserer vergewaltigten Deutschen im Osten erhalten.

A: Sie haben ein Phantom vor Augen. Sie sehen eine Solidarität, die es nicht gibt. Die Amerikaner beim Suezkonflikt haben, im Bunde mit Rußland, die freien Staaten England und Frankreich und Israel auf die Kniee gezwungen.

B: Von solchen schrecklichen Tatsachen können Sie noch manche nennen.

Aber ist das, was Sie wollen, etwa weniger ein Phantom: Die Wiederherstellung der Grenzen des alten Deutschland können wir durch keine Politik aus eigener Kraft erzwingen. Wenn aber die Weltlage infolge der Macht Chinas etwa ein Bündnis Rußlands mit dem Westen unausweichlich machen sollte, dann würden fast automatisch die Satellitenstaaten und darunter unsere Deutschen im Osten frei werden, mit der Oder-Neisse-Linie als Grenze.

Die Frage kann nur sein: Welches Phantom ist das bessere? Das heißt: in welchem liegen die größeren Chancen der Selbstbehauptung? Deutsche Selbstbehauptung ist doch überhaupt nur möglich innerhalb der freien Welt. Und, ich wiederhole, was wir dazu tun können, ist: in der Bundesrepublik die innere politische Freiheit zu verwirklichen.

Was denken Sie denn, was wir tun sollen?

A: Wir müssen die Forderung der Wiedervereinigung ständig wiederholen. Wir verteidigen nur unser gutes Recht. Die Geschichte beweist, daß das unmöglich Scheinende wirklich wird. Wir sind schon wieder so stark, daß wir der Welt nicht gleichgültig sind.

B: Aber was sind wir denn in unserem eigenen Staatswesen politisch wirklich? In dem Maße, als es durch die Wirtschaft breiten Kreisen gut geht, nimmt ihr politisches Interesse erschreckend ab. Wir lassen uns von einer sich selber auswählenden Parteienoligarchie beherrschen. Nur bei Wahlen wendet sie sich an die Untertanen. Die Stimmabgabe ist der einzige politische Akt des Volkes, wird aber ratlos vollzogen. Er ist im Grunde nur eine Akklamation zur bestehenden Herrschaft dieser Parteienoligarchie. Keine der Parteien hat eine politische Idee. Keine wirkt für innere politische und für geistige Freiheit, keine für die politische Selbsterziehung des Volkes.

Es ist aber ganz anders als in der Weimarischen Republik. Dieses Treiben heute scheint vorläufig ohne Risiko. Denn der Staat ist durch Amerika nach außen gegen Angriffe, die Regierung nach innen gegen Putsche geschützt. Das ist die Folge der Einschränkung unserer Souveränität im Generalvertrag. Die Regierung hat also nach außen und innen keine echte, der realen Probe ausgesetzte Verantwortung. Es kann nichts passieren. Und es ist Folge des Grundgesetzes, das eine unlebendige Stabilität konstituiert hat.

A: So leben wir also in Sicherheit. Das ist doch gut.

B: Es scheint so. Aber dieser Zustand im ganzen ist doch die Vorbereitung für die Weise, wie wir in der nächsten Weltkatastrophe uns verhalten werden. Dann wird sich zeigen, ob wir wissen, was politische Freiheit ist; ob wir bis dahin die 1933 verlorene Würde zurückgewonnen haben; ob wir die Entschlüsse finden, die zum Erretten der Freiheit notwendig und ehrenhaft sind – oder ob wir uns verhalten wie 1933, in dem Jahr der Schande und der politischen Dummheit. Nur wird alles anders sein.

A: Sehen Sie denn schon Gefahren?

B: Ja. Zum Beispiel: Die Gewißheit des Atomschutzes durch Amerika im Falle einer Gewalthandlung Rußlands ist nicht mehr so absolut wie früher. Schon will Amerika eine Pause einlegen zwischen einem russischen Angriff und dem Gegenschlag durch die Bombe. Es scheint, daß es vor der Untergangsgefahr des Atomkriegs doch zuerst und allein an sich denken wird.

A: Das können wir nicht ändern. Übrigens ist das ja alles durch die große Entspannung heute überholt.

B: Reden wir nicht von der Entspannung. Daß an sie geglaubt wird, weil für den Augenblick in der Tat Ruhe ist und Berlin nicht bedroht scheint, ist ein großer Erfolg Chruschtschows: er läßt den Westen in innere Eifersüchte und Kämpfe geraten, die ihn nur schwächen, und gewinnt eine Atempause, die er braucht.

Auf die Dauer aber kommt es in unserer Politik darauf an, jene große Änderung zu bewirken, die den Bund mit Amerika unlösbar und zuverlässig werden läßt. Es ist vielleicht doch möglich.

A: Wie denn?

B: Nur durch eine vollständige Solidarität. Unseren nationalen Souveränitätsansprüchen geben wir den zweiten Platz und erkennen das Faktum der amerikanischen Vormacht an. Dazu müssen wir zuerst innerlich wirklich politisch frei und demokratisch, das heißt der Staat einer Bevölkerung werden, die politisch mitdenkt und mithandelt und weiß, daß es überall und immer um die politische Freiheit geht. Amerika würden wir mit vernünftigen überzeugenden Gründen ansprechen, aber im Konfliktsfall ihm nachgeben. Dann könnte im Laufe der Jahre Amerika seinerseits zur vollkommenen Solidarität mit uns kommen, unsere Grenzen auch als seine Grenzen fühlen und Kennedys Wort »Ich bin Berliner« wahrmachen. Es kann sich auf uns verlassen, wir können uns auf Amerika verlassen. Das ist zwar nur eine Chance, aber die einzige Chance für unsere Selbstbehauptung.

A: Das ist ja toll! Sie wollen einfach unsere Unterwerfung als Satellitenstaat unter Amerika.

B: War es Unterwerfung, als einst im Bund der sieben Provinzen Friesland sich nach Holland richtete, nicht formell, aber faktisch? Ist es Unterwerfung, wenn wir gleicherweise mit Amerika und den anderen Nationen für die politische Freiheit leben, in Schicksalsgemeinschaft gegenüber einer vielleicht bald übermächtig werdenden Welt, die die Freiheit nie gekannt hat und sie vernichten will? Unsere Unterwerfung wäre die Gemeinschaft Verwandter, die um so zuverlässiger sich begegnen, je vernünftiger und freier beide werden.

A: Ich spüre aus allem, was Sie sagen, nur eins: Sie haben kein deutsches Herz. Ihnen fehlt die Selbstverständlichkeit des Nationalen. Sie sind kein Deutscher.

B: Wollen Sie mir meine Identität bestreiten? Soll ich mit Ihnen konkurrieren, wer besser deutsch denkt? Soll ich gar die Frage aufwerfen, wer mehr die Forderungen unserer großen Ahnen hört, wer mehr das deutsche Verhängnis sieht und leidet und mithelfen möchte an der politisch-geistigen Wandlung? Solchen Streit will ich nicht.

A: Einverstanden. Aber was sollen wir denn in dieser Weltsituation tun? Nur abwarten, was uns geschehen wird? Wir müssen doch, wie Rußland, unsere Stärke vermehren. Politisch aber müssen wir festhalten an unseren unverzichtbaren nationalen Souveränitätsrechten.

B: Im ersten stimme ich Ihnen zu: wir dürfen nicht passiv unsere Zukunft abwarten; wir müssen nach Möglichkeit unsere Stärke vermehren. Im zweiten aber folge ich Ihnen nicht. Sie geben der Politik des souveränen Nationalstaates, der nationalen Großmannssucht den Vorrang vor der gemeinsamen Selbstbehauptung der politischen Freiheit.

A: Wenn die anderen europäischen Staaten aus ihren nationalen Interessen handeln, nicht Mitspracherecht, sondern Autonomie und Vetorecht verlangen, dann müssen wir um so mehr auch selber nationalstaatlich denken.

B: Dadurch, daß die anderen auf dem selbstmörderischen Irrweg gehen, wollen Sie den eigenen rechtfertigen?

Dagegen setze ich den immer gleichen Grundgedanken: Wir können uns selbst nur retten, wenn wir bedingungslos uns denen verbinden, die ihrerseits die politische Freiheit über alles stellen. Allein durch den Freiheitswillen, aus dem wir innenpolitisch den Staat errichten und jede innenpolitische Handlung beurteilen, können wir den Sinn unseres politischen Daseins in einer Höhe finden, die standhält in der über uns kommenden Katastrophe. Das ist nicht das ideenlose, beschränkte, uns entwürdigende Fortmachen von Tag zu Tage.

Wüßten wir alle, was politische Freiheit eigentlich ist, würde die gegenwärtige Macht der Parteienoligarchie durch die Macht des Geistes und die Initiative aus dem Volke selber, vor allem die der Jüngeren, sich wandeln.

A: Unsere politische Größe wurde im neunzehnten Jahrhundert begründet durch den Ruf: Erst die Einheit, dann die Freiheit. Das ist auch heute unser erstes und höchstes Ziel: die Einheit des Staates der Deutschen, wenigstens in den Grenzen von 1937.

B: Gegen den nationalen Ruf: »Erst die Einheit, dann die Freiheit« stand schon damals der föderalistische Freiheitsgedanke. Nach dem Sieg des zentralistischen Reichsgedankens durch Bismarck wurde die Chance, nun auch die politische Freiheit zu erringen, nicht ergriffen. Man war zufrieden mit dem Scheinkonstitutionalismus, dem Rechtsstaat, dem damaligen Wirtschaftswunder. Das Ergebnis war die politische Verantwortungslosigkeit. Die Nachlässigkeit des nicht mitdenkenden Volkes der Untertanen und die politische Dummheit der zufällig Regierenden ermöglichten den Krieg von 1914, den die meisten gar nicht wollten.

A: Ihr Urteil ist ungerecht. Es war ein Verhängnis, das die europäischen Staaten gemeinsam traf. Der nationalstaatliche Einheitsgedanke war damals und ist heute mit Recht maßgebend für alle Deutschen.

B: Wir stehen vor der Alternative: Entweder werden die Deutschen mit wirtschaftlicher Tüchtigkeit und Bundeswehr nur zu einem bloßen Material der über sie kommenden Geschichte. Oder wir werden selber mitwirken an unserem Schicksal.

A: Verzichten wir auf den Nationalstaat und unterwerfen uns unter Amerika, dann brauchen wir keine Bundeswehr. Dann würde sie ja doch nur für die Zwecke der amerikanischen Politik eingesetzt, gerade das, was auch Sie nicht wollen. Amerika wird uns ohnehin nur verteidigen, wenn das amerikanische Risiko nicht zu groß ist.

B: Davon sprachen wir. Sie stellen die Frage, die in der Tat mit Sicherheit nicht zu beantworten ist, so wenig wie die Frage nach der Sicherheit der Treue zwischen Ehegatten.

Die eigentliche Frage ist vielmehr: Welches Wagnis ist das bessere: auf eine Treue zu bauen oder souverän, das heißt allein zu bleiben. Das letztere führt sicher in den Untergang, das erstere ist ein edles Wagnis, das gelingen kann, aber nicht sicher gelingt. In diesem Wagnis bewährt sich der eine nie ohne den andern. Wir leben als Partner aller freien Staaten unter der Hegemonie Amerikas, dem wir zwar unsere außenpolitische Souveränität, nicht aber das Mitspracherecht durch vernünftige Gründe und gar nicht die innenpolitische Souveränität opfern.

Der Horizont ist doch dieser: Solange die gewaltige Rüstung in Rußland fortbesteht, solange hinter Rußland in noch nicht absehbarer Zeit das vielleicht übermächtige China auftaucht, kann am Leben nur bleiben, wer auch die entsprechende militärische Macht hat. Diese Macht kann in der freien Welt nur eine umfassende Gemeinschaft unter einer einzigen Führung hervorbringen. Das Bündnis genügt nicht. Einheitlicher Oberbefehl und einheitliche Außenpolitik der freien Staaten sind unumgänglich. Diese Welt muß in Freiheit leisten, was die Totalitären durch Zwang und Terror leisten. Kann dies die Freiheit nicht, so ist sie keine wahre Freiheit und wird verloren.

Wollen wir etwa das wahrscheinliche Schicksal Indiens an uns erfahren? Indien wird in seiner Neutralität und angemaßten Souveränität, in seiner sich auf Gandhi berufenden Moralität kaum Bestand haben. Wird es einst von China erobert, dann werden Indiens Menschenmassen und terroristisch entwickelte Industrie zur Eroberung der Erde eingesetzt, zusammen mit den eigenen längst ohnmächtigen Menschenmassen. Chinesische Gewaltmenschen werden die Herren der Erde werden. Wollen wir zuschauen und das, was noch nicht unmittelbar bevorsteht, an uns herankommen lassen? Oder wollen wir innerhalb des Abendlandes mitwirken an der Macht dieser zusammengefaßten Freiheit, die gegen jene terroristische Einheit gewaltiger Menschenmassen sich wird behaupten können?

Wollen wir das Schauspiel fortsetzen, zu leben wie eine Menge durcheinander laufender freier Hühner, die sich gelegentlich hacken, und dummstolzer Hähne, die sich brüsten, eine Menge, zu nichts anderem tauglich als am Ende insgesamt abgeschlachtet zu werden?

A: Sie phantasieren. Ich bin für Realpolitik.

2. Was haben wir als Zuhörer des Gespräches zwischen A und B beobachtet?

Diskussionen pflegen keine gründliche Erörterung zu sein. Man wirft sich spärlich begründete Sätze zu. Man wechselt oft das Thema. Die Sätze kreisen nicht um eine Mitte. Man spricht emotional. Man redet immer wieder aneinander vorbei. Es kommt zu keinem Ergebnis. Man hört nur auf oder bricht ab.

Woran liegt das? Und wie kann man zu einer besseren Diskussion kommen? Ein paar Gesichtspunkte möchte ich nennen:

a) Erstens liegt das Mißlingen an der Vermischung und falschen Identifizierung von Tatsachenfeststellung und Beurteilung. Das Faktische könnte in Diskussionen zur gemeinsamen Erkenntnis gebracht werden. Der Wille dagegen, der sich ein Ziel setzt, ist aus keinem Wissen als richtig abzuleiten. Da aber der Wille eines redlichen Vernunftwesens nicht blind ist, kann er durch Denken in der Diskussion deutlicher werden.

Dann würde sich die Diskussion verwandeln. Die Gegner werden klarer darüber, was sie eigentlich wollen. Beide suchen das Gesagte auf die sogenannten »letzten Standpunkte« zurückzuführen und die Konsequenzen zu zeigen mit der Frage: Willst du das wirklich? So können Gegner, im gemeinsamen Willen zur Wahrheit, an den Ort ihres unumgänglichen Kampfes gelangen, in dem wirkliche Mächte durch sie einander ins Angesicht blicken. Und da können Menschen, die sie selbst sind, bei radikaler Gegnerschaft doch in einer übergreifenden Kommunikation sich verbinden. Denn nicht ganz sind sie den Mächten unterworfen, die sie zur Gegnerschaft zwingen. Sie sind einmütig darin, der Kampfplatz zu sein, auf dem sie als Menschen, ihrem eigenen Kampf noch überlegen, ritterlich sich begegnen. Sie sind einmütig in einem Umgreifenden, in dem ihnen verhängt ist, in dieser Lage sich geschichtlich als Gegner zu treffen.

Solche gute Diskussion steht unter Voraussetzungen: Beide wollen wissen; sie erkennen nachweisbare Tatsachen und Widersprüchlichkeiten an; sie hören einander zu; sie wollen sich nicht entziehen. Und beide wollen in Gegenseitigkeit das Offenbarwerden ihrer letzten Ziele.

b) Ein zweiter Grund des Mißlingens der Diskussionen ist die Gleichberechtigung der Meinungen.

Die Form des diskutierenden Umgangs muß zwar so sein, als ob sie bestehe. Darin liegt unsere gegenseitige Anerkennung als Vernunftwesen. Aber keineswegs gilt die Gleichberechtigung von den beliebigen Meinungen als solchen. Wie weit diese Gleichberechtigung besteht, das wird in der gelingenden Diskussion durch die Entfaltung und Wandlung der Meinungen erst offenbar.

Man kann »in guten Treuen« verschiedener Meinung sein nur dann, wenn man bereit ist, mit den Gründen des Partners versuchsweise mitzugehen. Der gute Partner hilft geistig seinem Gegner. Das wird gestört durch unberührbar absolute Daseinsinteressen und durch das Rechthabenwollen und durch die Gebundenheit an gedankenlose Klischees. Man hört nicht mehr zu und antwortet nicht.

Anders ist es, wenn der Widerstand ein wirklicher Glaube ist. Denn dieser will sich rückhaltlos zeigen und aussprechen. Er ist nicht die Dumpfheit bloßen Daseins und seiner in Dienst gezwungenen, sophistisch gewordenen Intellektualität. Vielmehr ist er selber der Wahrheitswille, der erfahren muß, daß in der Welt Mächte sich existentiell begegnen, die nicht allein in der Welt gelten können und im gleichen Menschen nicht zusammen wirksam sein können. Sie erst sind gleichberechtigt im nicht aufhörenden Kampf.

c) Die politische Diskussion leidet drittens an der Enge oder an der Phantastik des Blicks in die Zukunft.

Das Wahrscheinliche, das kommen wird, ist nicht

exakt zu bestimmen. Die Möglichkeiten und Wahrscheinlichkeiten sind unabsehbar. Man wägt die möglichen Chancen ab. Man möchte wohl die einfachen Grundlinien sehen: sie wandeln sich langsamer als der endlos andere Augenblickslärm. Man verfängt sich in Bildern des Wunschdenkens.

Das Wesentliche ist dies: Die Zukunft ist nicht der notwendige Gang der Geschichte im ganzen. Wir erkennen die Zukunft, um sie für uns günstig zu ändern. Wir wollen voraussehen, was wir doch selber mit hervorbringen. Die Erkenntnis der die Zukunft bestimmenden Realitäten, der Bedingungen und Möglichkeiten der Zukunft ist nie abgeschlossen. Unsere Verantwortung ist es, diese zu erblicken, um in maximaler Klarheit die andere Verantwortung, die für unsere Zielsetzungen, übernehmen zu können.

In diesem Kreise von Erkennen und Verantworten wissen wir aber, daß entscheidende Ereignisse der Zukunft, vor allem die zeugenden ethischen und Glaubensimpulse, noch außerhalb unseres Horizontes liegen. Das Unvoraussehbare ist Element der Geschichte. Aber wir können es in unsere Erwartungen oder gar Kalkulationen nicht einbeziehen.

Angesichts der Unsicherheit und Ungewißheit der Zukunft steigert sich der Gehalt der politischen Diskussion. Sie zwingt zu dem Blick auf die gegenwärtig erkennbaren Realitäten, in denen Keime der Zukunft dem hell Sehenden kund werden.

3. Nun zum Schluß! Wozu politische Diskussionen? Sie dienen der politischen Selbsterziehung und bereiten Handlungen vor. Darum sind sie ein Ort des politischen

Lebens eines Volkes. Wenn nicht, dann sind sie Geschwätz und bloßer Gegenstand der Psychologie und damit der Manipulation seitens der politischen Techniker.

Was bedeutet hier die philosophische Besinnung? Sie macht die Diskussion heller, weil sie Grundsätze und Ziele klärt, weil sie die großen Dinge und die Rangordnung des Wesentlichen vergegenwärtigt, weil sie in das Schicksal der Menschheit blickt, weil sie das Politische aufnimmt in die Frage: Wofür leben wir?

VI. DAS WERDEN DES MENSCHEN IN DER POLITIK

1. Politik orientiert sich an zwei Polen: der möglichen Gewalt und dem freien Miteinander.

Gegen Gewalt ist Abwehr durch Gewalt nötig, es sei denn, man sei bereit, durch Gewaltlosigkeit Sklave anderer zu werden oder zugrunde zu gehen. Das freie Miteinander bringt eine Gemeinschaft hervor durch Institutionen und Gesetze. Gewaltpolitik und Beratungspolitik stehen in ihrem Sinn gegeneinander; wie sie sich verbinden, das macht die Praxis der Politik, wenigstens bis heute und für nicht absehbare Zeit.

Man unterscheidet Außen- und Innenpolitik. Welche den Vorrang hat, ist durch die Situation eines Gemeinwesens gegenüber anderen Gemeinwesen bestimmt. Aber die Formen beider können ineinander übergehen. Die Außenpolitik entspringt der Politik der Gewalt, der alles Reden zur List wird. Doch durch Verträge, internationales Recht drängt sie dahin, wo sie sich selbst verwandeln würde bis zur Ausschließung von Gewalt. Die Innenpolitik umgekehrt nimmt Züge der Außenpolitik an, wenn die Politiker im Kampf zur List schreiten, zur Lüge, zur verderblichen Geheimhaltung, zum Erzwingen von Unrecht, bis es zum Bürgerkrieg kommt oder bis die einen als Untertanen sich den anderen unterwerfen.

Eine Täuschung ist es, zu meinen, politische Macht sei nichts anderes als Macht durch Gewalt. Große geschichtliche Ereignisse lehren uns das Handeln und die

Macht ohne Gewalt. Die entgegengesetzte Täuschung ist es, zu meinen, Politik sei nur der Aufbau der Gemeinschaft in Freiheit; Gewalt sei eine politikwidrige Anomalie. Dagegen spricht die Tatsache, daß Gewalt immer Grenze und Hintergrund geblieben ist. Wenn das im allgemeinen Bewußtsein fast vergessen wurde, wie im Zeitalter der europäischen Sekurität vor 1914, dann bricht sie alsbald nur um so maßloser durch und zeigt ihre finstere Majestät.

2. Die Erscheinungen der politischen Geschichte erwecken ein Grauen. Menschen muten an wie Teufel. Unverändert von Urzeiten her ist der Trieb, zu herrschen, Gewalt anzuwenden, zu töten, zu quälen, zu foltern. Er mag wohl eine Weile verschleiert sein und gezähmt scheinen. Es täuscht.

Aber Menschen, wie sie auch seien, müssen miteinander leben. Das ist Voraussetzung für ihr Dasein. Von Anfang an haben sie daher in Gemeinschaften gelebt, in denen sie einander helfen und durch die sie sich nach außen verteidigen oder — einige, nicht alle — auf Eroberung und Beute gehen.

Sieht man die Gewalttätigkeit des Menschen und seinen unbiegsamen, dumpfen Eigenwillen, so erstaunt man: Es ist wie ein Wunder, daß Menschen nicht nur Räuberbanden gebildet haben. Sie haben geordnete politische Zustände, Rechtsstaaten hervorbringen können, haben Gemeinschaften von Bürgern gestiftet. Mächtige Kräfte anderer Herkunft müssen in ihnen liegen, die das vermögen.

Die Ordnungen der Menschen werden jene gewalttätigen Mächte nie los. Daher sind Ordnungen immer auch ungerecht und bedürfen der Besserung. Ferner müssen sie bei der ständigen Änderung der geschichtlichen Daseinsbedingungen ihrerseits ständig sich wandeln. Wir können die Welt nicht richtig einrichten, daher nicht in eine nun unveränderliche Dauer bringen. Menschen erreichen keine Vollendung. Wie Kant es milde ausdrückt: Aus so krummem Holze kann nichts ganz Grades geschnitzt werden.

Die Erscheinungen des chaotischen Daseins einerseits und die gründenden, stiftenden, ordnenden Ursprünge andrerseits machen in ihrem Kampfe miteinander die Geschichte.

3. Darum ist Politik die größte Sache für das Dasein miteinander in der Welt. Die Staatsmänner haben ein hohes Ansehen wegen ihrer faktischen Macht und weil sie das gemeinschaftliche Daseinsschicksal bewirken. Menschen und Völker danken ihnen oder verfluchen sie. Sie wachsen ins Unheimliche. Auch da, wo sie Unheil und Zerstörung bewirken, werden sie nicht vergessen. Es kennzeichnet die Menschen und ihr politisches Denken, welchen Staatsmännern der Geschichte ihr Herz sich zuwendet, in welchen sie Größe sehen.

Größe des Staatsmannes sehen wir dort, wo er sich der Verantwortung für die Freiheit bewußt ist.

Sie liegt nicht schon in der machtvollen, grausigen Herrlichkeit eines geisterfüllten Tigers, wie etwa Cäsar, und gar nicht in der Tötungsgewalt eines schlauen, Machtsituationen exakt spürenden Insekts, wie etwa Hitler. Cäsar zu gehorchen, erhob noch einmal ein großes Volk, in dem zugleich die Gegner erwuchsen, die der Freiheit wegen ihn ermordeten. Hitler erniedrigte uns, unser Volk und jeden Einzelnen, am meisten die, die ihm folgten, und niemand vermochte aus dem reinen Willen zur politischen Freiheit ihn zu vernichten.

Jene Verantwortung aber des großen Staatsmannes, wie etwa des Solon, des Perikles, vollzieht jene doppelte Orientierung: an der Gewalt und an der Freiheit mit ihrer gewaltlosen Vernunft. Selbstbehauptung durch Gewalt verlangt List und Lüge, Vernunft dagegen Offenheit, Wahrhaftigkeit und zuverlässigen Vertrag. Selbstbehauptung verlangt Verantwortung für die faktischen Folgen eines politischen Tuns für die Macht des eigenen Staats. Vernunft verlangt die moralische Gesinnung, die dem Erfolg, der Gewalt und der Macht nur zustimmt, wenn sie im Dienste der überpolitischen Aufgabe des Menschen bleiben.

Ein großer Staatsmann kann im Sinne der bloßen politischen Selbstbehauptung verantwortungslos werden, wenn er auf Erfolg und Macht verzichtet, sobald diese als Preis die Gesinnungslosigkeit verlangen. Es gibt keine grundsätzliche Lösung. Wie die Gesinnung in die Verantwortung für die Folgen aufgenommen, die Verantwortung selber Gesinnung wird, das ist die geschichtliche je einmalige Entscheidung, nicht ein Ausgleich.

Niedrig ist der Politiker ohne jene Spannung: er tut, was gerade den geringsten Widerstand bietet und für den Augenblick erfolgreich scheint. Groß ist der Staatsmann, der in dieser Spannung das Handeln der Selbstbehauptung findet, das sein Volk und ihn zum Adel des Menschseins steigert, der tut, was er für immer auf sich zu nehmen gewillt ist. Er kann nicht der sogenannten Realpolitik und dem Opportunismus sich unterwerfen. Er will die staatliche Gemeinschaft, der er dient, nicht durch verwerfliche Handlungen, die für den Augenblick erfolgreich scheinen, moralisch vernichten. Mit dem, was er tut, erzieht er zugleich die Staatsbürger. Er bleibt nicht um jeden Preis an der Macht, wenn sein Gewissen, politisch und moralisch zugleich, es ihm verbietet, zu verantworten, was gegen Interesse und Würde des eigenen Volkes geschieht.

4. Das Ziel der Politik kann in diesem einen Satz ausgesprochen werden: Mit der politischen Freiheit wird der Mensch, der er selbst ist, zugleich mit der Freiheit im Innern seines Staatswesens und mit der Selbstbehauptung nach außen.

Die der Politik vorhergehende überpolitische Frage ist: Wie soll die Politik vor sich gehen, wenn wir uns selbst in ihr aus dem Grund der Dinge her bejahen können? Darauf die Antwort ist jener Satz, den ich wiederhole: Nur die politische Freiheit kann uns zum ganzen Menschen werden lassen.

Gewalt soll durch die Politik bewältigt werden zugunsten der Macht des Rechts und der persönlichen Freiheit. Für diese gibt es nur eine Grenze: soweit sie mit der Freiheit der anderen zusammen bestehen kann.

Die Politik will Bändigung der Gewalt durch Miteinanderreden, durch Vertrag, durch gemeinschaftliche Willensbildung auf legalem Wege. Dieser Zustand braucht die zu ihm gehörenden Staatsmänner. Sie wollen nicht Diktatoren sein, weil sie keine Lust haben, über Sklavenseelen zu herrschen. Sie begehren die Macht nur für die Zeit ihres Auftrages, solange sie das Vertrauen ihrer Völker, das Vertrauen von Bürgern, nicht von Untertanen haben, und verzichten, sobald sie dieses Vertrauen verlieren. Sie hassen die Gewalt, aber sind die wahren Demagogen, das heißt Erzieher der Völker zur Politik. Sie sagen ihnen, was diese eigentlich wollen, in den konkreten Situationen durch Tatsachen und Gründe, so daß die Bürger, selber prüfend, in ihnen ihre eigene Urteilskraft wiedererkennen und in ihren Entschlüssen beflügelt werden. Ihre Worte und Taten werden noch nach Jahrtausenden erinnert.

5. Aber nicht aus dem Nichts kam die politische Freiheit. Geschichtlich das erste war eine noch unpolitische lebendige Freiheit. Ein Freiheitswille, erfüllt durch Bindungen, war nicht leer, sondern bewahrte den Gehalt überlieferter Substanz im gemeinschaftlichen Leben. Woher solche sich ihrer selbst noch gar nicht bewußte Freiheit kam, ist unbegreifliches Geheimnis. Von Rasse- und Völkerbegabungen zu reden, ist leer und zugleich für die Größe der Sache erniedrigend.

So hatte die Freiheit der griechischen Polis ihre Voraussetzung in dem griechischen Freiheitswillen seit Homer und den Ioniern, erreichte ihren ersten Gipfel in dem einzigen Solon und ihre Vollendung im Perserkrieg mit seinen Folgen. – Das freie Bauernleben der Schweizer war Voraussetzung für die Schwurgemeinschaft, die im dreizehnten Jahrhundert in einer Urkunde mit einfachen herrlichen Grundsätzen die Konstituierung der inneren Freiheit zugleich mit der uneingeschränkten Opferbereitschaft in der Abwehr der Unterdrückung von außen vollzog. – Die amerikanische Freiheit gründete in der Gesinnung der Pilgerväter und des in vielen Gemeinschaften entfalteten amerikanischen Lebens. In der Revolution gegen England wurde mit dem Sieg zugleich die innere Verfassung, erst die einzelner Staaten, dann des Bundes konstituiert. Überall kamen erst später die Lehren über den Sinn des Ganzen, in denen Gründer und Nachfahren sich dessen vergewisserten, was sie erhalten wollten.

Kant sagte, die wichtigsten Ereignisse der neueren Geschichte seien die schweizer, holländischen, englischen Freiheitskämpfe gewesen. Aus ihrem Geist ist der amerikanische Freiheitskampf in neuer Ursprünglichkeit erwachsen. Wunderbar der Mut, der hohe Schwung, das Maß, die Besonnenheit all dieser Freiheitskämpfer, die aus der Eigenständigkeit auch die Kraft hatten, den der bloßen Gewalt gehorchenden Massen durch die eigene Gewalt, klüger und opferbereiter, überlegen zu werden.

Nur je für eine Weile hat es bisher diese zuverlässige politische Freiheit gegeben, uns Nachfahren für immer zur Ermutigung und zum Vorbild.

6. Das Unheimliche ist: In der Freiheit selber liegt ein Grund des Verderbens.

Die Welt politischer Freiheit ist verloren ohne große Staatsmänner, die durch die Schulung freier Männer zuverlässig von Generation zu Generation neu erwachsen. Mit allem, was sie tun, kämpfen sie in den gegebenen Chancen der Freiheit für diese. Sie kennen die Gefahr. Das Wagnis lohnt sich ihnen, weil es um das höchste Daseinsgut der Menschen geht. Sie haben Mut, Urteilskraft und Geduld. Von ihnen gilt, was von Perikles berichtet wurde: daß man ihn, seitdem er Athen lenkte, nicht mehr habe lachen sehen.

Anders die Politiker. Sie sind opportunistische Realisten, Betriebmacher, listige Menschen und Erpresser. Unbekümmert vital handeln sie im Namen der Freiheit gegen die Bedingungen der Freiheit. Sie entziehen sich, wenn sie bloßgestellt sind, durch Lügen und durch

Witze. Durch ihr Verhalten verhöhnen sie das Parlament, das, gleicher Art, es kaum merkt und nicht daran denkt, solche Frevler am Geist der Politik aus dem Sattel zu werfen. Mit sentimentalen Sprüchen täuschen sie einen Ernst vor. Sie sind Verderber der Freiheit.

Dieser Typus von Politikern hält seine Aufgabe, ohne Berufung, für einen Beruf, einen vielfach aussichtsreichen, mit gutem Einkommen und Pensionsberechtigung. Sie meinen, er sei risikolos. Sie denken ohne Verantwortung. Daher unterwerfen sie sich, in Gefahr ratlos, jeder sie vermeintlich sichernden oder wenigstens rettenden Macht, wie 1933. Kaum etwas war erniedrigender für sie und ihren Staat und kaum etwas richtiger als die Verachtung, die Hitler und Goebbels 1933 in ihren sie vollends in die Knie zwingenden Hohnreden über sie ergossen.

Der Geist der freien Welt gibt ein zweideutiges Bild. Wir freien Völker sind noch keineswegs politisch eigentlich frei. Im wirtschaftlichen Wohlergehen, im Weiterschliddern, in bloßen Aufregungen liegt keine Freiheit. Die Aristokratie der Einsichtigen vermindert sich. Die Verteilung der Verantwortungen erzeugt Verantwortungslosigkeit. Die Demokratie wird zur Parteienoligarchie. Was Kultur hieß, wird in weitem Umfang zu den Seifenblasen eines Literatentums. Der Geist verliert seinen Ernst.

Daher werden die Völker nicht innerlich ergriffen von den ungeheuren Drohungen, die über ihnen schweben. Höchstens haben sie einmal Angst, die, wenn es wieder gut gegangen ist, schnell vergessen wird. Wenige spüren, wohin es mit der Freiheit der Menschen im eigenen Staat und auf der Erde zu gehen droht.

7. Dieser im Wohlergehen scheinbar solide Zustand kann plötzlich umschlagen, wenn Massen und Intellektuelle, gleicherweise bodenlos, zum Material für totale Herrschaft geworden sind. Wenn man schon im Zustand der nicht mehr begriffenen, äußerlich gewordenen Freiheit »freiwillig« in die Knechtschaft unter Nichtigkeiten der glaubenslosen Welt geht, dann ist nach einer Weile auch der Verlust jener äußerlichen Freiheit die Folge. Es ist, als ob in Deutschland der gewaltige Lärm des Geistes und des politischen Betriebes vor Jahrzehnten das Grab seiner Freiheit sich selbst geschaufelt habe, und als ob heute, nach glücklicher Rettung Westdeutschlands von außen, dort von innen dasselbe noch einmal geschehen könne. Drohen aber der gesamten westlichen Welt nicht dieselben Gefahren?

8. Angesichts der Unheilszeichen der Zeit für die Freiheit erhalten die grundsätzlichen Einwände gegen die Möglichkeit der Freiheit ein verführendes Gewicht.

Ist die politische Freiheit nicht eine Utopie? Ist sie nicht bloß die Gesinnung weniger Menschen innerhalb des Abendlandes seit den Griechen, und wird sie nicht von den meisten Abendländern und von der gesamten übrigen Menschheit, in Blindheit für sie, praktisch verworfen?

Ich möchte nicht die Menschen verleugnen, die politische Freiheit nie gekannt und nie hervorgebracht haben, die im metaphysischen Denken, in Dichtung und Kunst eine Tiefe erfahren haben, die uns wundersam anspricht. Ich möchte auch nicht die Größe von Herrschern verleugnen, in China, in Indien, in den ältesten Kulturen seit den Sumerern. Aber es ist dort doch überall etwas, das uns, wenn wir ihnen innerlich ganz nahe zu kommen scheinen, noch immer befremdet. Auch in unserem geistlichen Mittelalter begegnen uns große Persönlichkeiten, ihrer selbst kaum bewußt, darum um so mächtiger in ihrem Eindruck, aber es liegt ein in der Befremdung erfahrener unheimlicher Abgrund zwischen ihnen und uns. Es sind niemals Persönlichkeiten, die uns vielmehr erst dort begegnen, wo politische Freiheit gewollt, gefunden oder wo sie qualvoll entbehrt wird.

Wir können auch nicht bauen auf die Geschichte als einen Fortschrittsprozeß der Freiheit. Es gab im Abendlande seit Juden und Griechen, seit der Polis und der römischen Republik, seit dem städtischen und freibäuerlichen Mittelalter und in den heutigen von ihnen her stammenden altfreien Gebieten politische Freiheit in kräftigen Ansätzen, immer erstaunlich, weil sie aus der überwältigenden Menge unfreien menschlichen Daseins auftauchen, unendlich kostbar, immer aufs höchste gefährdet.

Die politische Freiheit wurde nur in kleinen Umkreisen hervorgebracht. Sie konnte auch abseits wie im alten Island eine geistig im Vergleich zu Griechen, Holländern, Angelsachsen zwar geringe, doch großartige Wirklichkeit gewinnen. Aber überall ging sie bald verloren. Die Realität der überwältigenden Mehrheit der Völker und Staaten spricht gegen die Freiheit.

Die Tatsachen stützen den schwersten Einwand: Die Freiheit ist unmöglich, denn der Mensch ist durch sie überfordert. Die unentrinnbare, zum Höchsten ermutigende, aber auch der größten Gefahr aussetzende Situation ist: Der Mensch soll, um eigentlich Mensch zu werden, frei werden, was er doch als realer Mensch in der Menge eines Volkes faktisch nicht kann.

9. Aus diesem Einwand folgert man: Herrschaft durch fraglose Autorität muß sein. Sie war immer und überall. Sie wird heute Rußland und China die Übermacht in der Welt verschaffen.

Die Alternative zur politischen Freiheit ist in der Tat die Gewalt der Autorität, die Herrschaft einer kleinen Minorität über die große Majorität im Namen einer von allen anzuerkennenden Autorität.

Gegen den autoritären Herrschaftszustand spricht aber unüberwindlich der Satz: Es sind immer Menschen, die über Menschen herrschen. Nie ist Gott oder die absolute Wahrheit in der Welt. Es sind immer nur Menschen, die im Namen Gottes oder der absoluten Wahrheit die Autorität beanspruchen, nicht Gott oder die Wahrheit selbst. Es sind nur Menschen, die Gewalt im Dienste der Autorität anwenden. Diese Autorität verdient keinen Glauben. Sie ist in jeder ihrer Gestalten durch schändliche, niederträchtige, böse Handlungen diskreditiert.

10. Wir sollen es uns nicht leicht machen, als ob die Freiheit selbstverständlich wäre.

Können wir überhaupt den Satz, die politische Freiheit sei im Wesen des Menschen gegründet, aufrechterhalten?

Hier kann es eine zwingende Erkenntnis des Richtigen nicht geben. Es handelt sich um eine Wesensentscheidung in der Denkungsart des ganzen Menschen, jedes Einzelnen mit seinen politischen Schicksalsgefährten.

Vor der Alternative stehend, müssen wir wissen, wofür wir leben, auf was hin wir, soweit es an uns liegt, die Zukunft gründen wollen. Einsicht und Entschluß entscheiden. Sie sind im Philosophieren zu uns selbst geworden.

In der Freiheit ist zwar das Verderben groß, das völlige Verderben möglich. Ohne Freiheit aber ist das Verderben gewiß.

Die politische Freiheit, dem eingeborenen Adel des Menschen gemäß, erlaubt Hoffnung. Der andere Weg ist von vornherein hoffnungslos. Wir verachten uns selbst, wenn wir den Mut der Vernunft aufgeben, in dem die Hoffnung gründet.

Und wenn der Mensch verschlungen werden sollte von der Gewalt, so war seine Wahrheit doch dieser sein Weg zur Freiheit. Sie wird nicht widerlegt durch Scheitern, ebensowenig wie die Herrlichkeit der Erde, wenn sie einst wieder im Meer des Kosmos aufgelöst wird, als ob sie nicht gewesen wäre, durch ihren Untergang.

VII. ERKENNTNIS UND WERTURTEIL

1. Wir sagten: In jedem Menschen liegt, wenn er zu vollem Bewußtsein gelangt, der Wille zur politischen Freiheit. Wir zeigten, was dem widerspricht: Die Realität der Mehrzahl der Menschen heute; die Geschichte: es gab bisher nur scheiternde Ansätze zur Verwirklichung politischer Freiheit; und schließlich: die These von der Unfähigkeit des Menschen zur politischen Freiheit, denn er sei mit ihr überfordert.

Angesichts der Uneinigkeit und der Unklarheit in den Diskussionen über politische Freiheit brauchen wir eine Grundunterscheidung im Wahrsein selber. Die Richtigkeit, die allgemeingültig für alle ist, ist etwas ganz Anderes als die Überzeugung, die je unsere Wahrheit ist, aus der wir leben. Von der richtigen Erkenntnis erwarten wir mit Recht, daß jeder, der sie versteht, sie auch als richtig anerkennt – und die Erfahrung zeigt uns, daß es so geschieht. Von der Überzeugung können wir das nicht erwarten, denn sie hat keineswegs absolute Geltung für alle – und die Erfahrung belehrt uns grausam darüber, wenn wir das Gegenteil erwarteten. Wir dürfen die allgemeine Geltung für unsere Glaubensüberzeugung nicht beanspruchen.

2. Dies Problem der Unterscheidung der Richtigkeit des Wissens von der Wahrheit der Überzeugung gibt es nicht nur im politischen Denken, nicht nur für die Frage der politischen Freiheit, sondern in allen Lebensfragen.

Die Vielfachheit kämpfender Glaubensüberzeugungen mag uns immer wieder erschrecken. Begegnen uns die fremden, die gegnerischen, dann müssen wir die Grundfrage entschieden haben: Erkennen wir an, daß wir gemeinsam Menschen sind oder nicht? Erkennen wir dies an, dann dürfen wir die anders Glaubenden nicht als Feinde stehenlassen oder gar als nichtexistent behandeln oder ihre Vernichtung begehren. Weil wir mit ihnen Menschen sind, müssen wir vielmehr uns von ihnen in Frage stellen lassen und sie befragen.

Dann fordern wir von uns etwas widersinnig Scheinendes. Ich suspendiere gedanklich die Wahrheit, die Wahrheit für mich ist, um versuchsweise des Anderen Möglichkeiten mitzudenken, mitzufühlen und den Menschen zu spüren, in dem sie Wirklichkeit sind. Dabei machen wir die uns verbindende Erfahrung: erst im Denken in Bezug auf den Anderen und mit dem Anderen werden wir unserer selbst gewisser.

Die Situation ist: Wir wollen nicht das gleiche. Aber müssen wir bei entgegengesetztem Wollen als wir selbst stumm werden und zur Gewalt schreiten, wie im Dasein zur physischen Gewalt unserer Muskelkraft, so im Gespräch zur sophistischen Gewalt des Intellekts? Unser gemeinsames Menschsein verlangt anderes von uns: Wo die Wahrheit als vielfache erscheint, wollen wir sie aufhellen. Das erfordert geistige Energie und Selbstdisziplin. Wir trotzen nicht auf ein »ich will so«, »das ist meine Meinung«, sondern suchen nach Gründen. Wir lassen den Satz nicht gelten »ich bin nun einmal so«, sondern wissen, daß wir nie wissen, was wir eigentlich sind, und daß wir uns wandeln können.

Im feindseligen Streitgespräch der Eigenwilligen will der eine dem anderen mit geistigen Mitteln seine Meinung, seinen Willen aufzwingen. Im verbindenden Kampfgespräch der liebenden Menschen wollen beide sich gemeinsam der Wahrheit vergewissern.

Solches Gespräch, die menschliche Weise, miteinander den Weg auch in der Gegnerschaft zu finden, bedarf einiger Grundeinsichten. Wer philosophiert, muß diese dem eigenen Denken tief einprägen. Eine dieser Einsichten ist heute unser Thema, das ich im Beginn aussprach und in anderer Formulierung wiederhole: Wissenschaftliche Erkenntnis ist radikal unterschieden vom Leben im denkenden Kampf der Mächte. Aber die Reinheit wissenschaftlicher Erkenntnis und die Klarheit im Kampf der Mächte fordern sich gegenseitig.

3. Die Klärung dieses Problems in den Wissenschaften ist anfangs dieses Jahrhunderts akut geworden. Max Weber hat damals die Reinigung der wissenschaftlichen Erkenntnis von Werturteilen mit einer kaum vorher gesehenen Leidenschaft gefordert: Die Wissenschaft soll sich auf das empirisch und logisch, allgemeingültig und zwingend zu Erkennende, auf dies ihr Zugängliche beschränken. Die Wahrheit der Wissenschaften ist nicht alle Wahrheit. Aber der eigentümliche Wahrheitscharakter der Wissenschaften ist, unabhängig von Glaubensverfassungen und Weltanschauungen, von Parteien und Interessen, für jedermann gültig zu sein.

Diese Grundeinsicht läßt sich in Abwandlungen formulieren: Erkennen dessen, was ist, schließt nicht in sich das Urteil darüber, was sein soll. Was ich weiß, fällt nicht zusammen mit dem, was ich will. Das empirisch Feststellbare ist nicht das, was nur durch Glauben erfaßbar ist. Das Erkennen ist nicht mitverantwortliches Dabeisein. Betrachten ist nicht Handeln, Zusehen ist nicht Existieren.

Das eine beansprucht uns nur als Verstand, der zwingende Erkenntnis, für jedermann gültig, gewinnt. Das andere beansprucht uns selbst mit unserem Wesen, das in existentieller Vielfachheit mit anderen sich begegnet. Das eine verbindet uns unpersönlich in der Teilnahme an dem Allgemeingültigen. Das andere verbindet uns persönlich in dem geschichtlichen Miteinander. Wo wir im Allgemeingültigen zunächst uneins sind, da können wir einig werden und werden gewiß einig durch das richtige Begreifen. Wo wir im Glauben und Willen uneins sind, ist zwar die fortschreitende gegenseitige Erhellung möglich, aber darin ein unabschließbarer Kampf wirklich.

Damit sind die Grenzen der Wissenschaft deutlich: Aus Tatsachen leiten sich keine bindenden Normen ab. Eine empirische Wissenschaft kann niemanden lehren, was er tun soll, wohl aber, was er bei von ihm gesetzten Zielen mit angebbaren Mitteln erreichen kann. Die Wissenschaft kann mir nicht den Sinn des Lebens zeigen, aber sie kann mir die Bedeutung des von mir Gewollten entwickeln und dadurch vielleicht das Willensziel selber ändern. Sie kann mir zum Bewußtsein bringen, daß alles Handeln und auch das Nichthandeln Konsequenzen hat und kann diese Konsequenzen aufweisen. Sie kann mir, sofern ich leben will, die Unentrinnbarkeit zeigen, im Kampf der Mächte faktisch Partei ergreifen zu müssen, wenn ich mich nicht in Verwirrung als nichtiges Dasein treiben lassen will.

Unter dem Titel Werturteilsdiskussion hatte etwas

begonnen, was, als es begann, den Forschern der Zeit sogleich außerordentlich wichtig erschien, den einen als revolutionäre Bedrohung der Aufgabe, für die sie ein Leben lang gewirkt zu haben meinten, als Angriff auf ihr wissenschaftliches Gewissen, den anderen als Neubegründung der Wissenschaftlichkeit selber in der Grundverfassung der Forscher. Die einen empörten sich gegen Max Weber aus ihrer Zufriedenheit mit den traditionellen unklaren und maßlosen Wissenschaftsansprüchen, den anderen war das reine Wissenwollen zur Flamme geworden.

Es blieb bisher eine Angelegenheit der wissenschaftlichen Welt der Historiker und Nationalökonomen. Die Sache wurde auf Kongressen erörtert. 1914 veranstalteten die prominentesten Gegner eine geheime Zusammenkunft, um sich zugleich rückhaltlos auszusprechen und öffentliche Sensation zu vermeiden. Sie fand auf Grund vorbereiteter Denkschriften der Beteiligten in Berlin statt. Die Diskussionen müssen sehr heftig gewesen sein. Bekannt geworden sind die letzten Worte Max Webers, als er fortging: Sie verstehen mich ja doch nicht. Es kam der Erste Weltkrieg. Solche Probleme traten in den Hintergrund. Max Weber starb 1920. Aber die Frage ist so dringend wie je.

Von einer Einmütigkeit kann heute so wenig wie damals die Rede sein. Es scheint, daß mit der Leidenschaft auch die Tiefe der damals begonnenen Erörterung verringert sei. Mehrere hier entstandene Fragen sind logisch, also wissenschaftlich entscheidbar. Andere, die das denkende Menschsein in seinem Wesen angehen, entziehen sich der objektiven Lösbarkeit. Der Entschluß zur Wahrheit, die mehr als wissenschaftlich ist, wird maßgebend, um Wissenschaft als solche zu ihrer höchsten Klarheit zu bringen.

4. In den Naturwissenschaften ist die Scheidung kein Problem. Sie ist längst gelungen. Seit Galilei die mathematischen Figuren nicht mehr danach unterschied, ob sie edler oder unedler seien, als er vielmehr den Kreis nicht mehr für edler als die Ellipse, die Kugel nicht mehr für edler als andere Körpergestalten hielt, ist für die Erforschung der himmlischen und irdischen Dinge allein die Frage, was empirisch feststellbar ist. Daß etwas edler sei, ist keine Frage der Naturwissenschaften und kein Grund, es für realer zu halten.

Anders in den Wissenschaften des Geistes, der Geschichte, der Politik, der Wirtschaft, der gesellschaftlichen Zustände und Ordnungen: Hier nehmen wir nicht nur wie in den Naturwissenschaften wahr, was körperlich da ist, den Sinnen unmittelbar zugänglich, meßbar und in Experimenten befragbar ist, sondern hier verstehen wir einen von den Handelnden, Denkenden, Planenden, Schaffenden gemeinten Sinn. Wir erkennen nicht nur die Dinge von außen, sondern einen von Menschen erfahrenen Sinn von innen.

Nun ist aber mit dem Verstehen von Sinn das Beurteilen untrennbar verbunden. Der verstehbare Sinn ist etwa schön oder häßlich, edel oder gemein, gut oder böse. In der Geschichte des Geistes sind alle Beurteilungen abhängig von den übergreifenden Mächten der Wahrheit, die nicht eine ist.

Welche Wahrheitsmächte mir fühlbar werden, mit welchen ich mich identifiziere, welche ich abstoße, entspringt der Freiheit.

5. Die Schwierigkeit in der Grundlage der Geisteswissenschaften ist in einem Satze aussprechbar: Sie haben es mit der Freiheit des Menschen zu tun, aber für Wissenschaft gibt es keine Freiheit. Geisteswissenschaften sind empirische Wissenschaften. Weil Freiheit empirisch nicht zu beweisen ist, entgeht den Geisteswissenschaften, soweit sie Wissenschaften sind, gerade das Eigentliche, um dessenwillen sie uns angehen, und das nur indirekt, aber als das Wesentliche gegenwärtig ist.

Wo immer wir mit dem geschichtlichen, dem nicht nur natürlichen Menschen zu tun haben, haben wir es mit der Freiheit zu tun, während wir, soweit wir wissenschaftlich erkennen, den Begriff der Freiheit nicht brauchen können, weil er keinen empirischen Tatbestand trifft, und nicht brauchen dürfen, wenn wir die Grenzen der Wissenschaft nicht überschreiten wollen.

Im Verstehen von Sinn berühren wir die Freiheit. Sie gibt sich kund in den Verstehbarkeiten. Nur diese erforschen wir in der Geschichtswissenschaft. Was geschieht bei solchem Verstehen?

6. Der verstehbare Sinn eines Handelns, eines Gedankens, einer Dichtung, einer Institution kann vielfach und entgegengesetzt beurteilt werden. Die Denkungsart des Sokrates zum Beispiel wurde bei gleichem Verstehen der rationalen Inhalte seines Denkens aufgefaßt einmal als Zerstörung des substantiellen Menschseins durch das begriffliche Denken oder umgekehrt als Befreiung des Menschen zu sich selbst durch die Helligkeit dieses alloffenen und zugleich seiner Grenzen bewußten Denkens.

Mit dem Sinnverstehen ist immer Beurteilung verbunden. Ein reines Sinnverstehen läßt sich nicht loslösen. Aber wir können unser Urteil suspendieren, um uns der Fiktion eines reinen Sinns, zu dem keine Beurteilung gehöre, zu nähern.

Das aber gelingt nur, wenn wir unsere Beurteilungen selber zum Thema machen. Die Beurteilungen als gut und böse, edel und gemein, heilsam und verderbend usw. sind doch selber Sinnwirklichkeiten. Wir verstehen, wie man so und wie man entgegengesetzt urteilen kann.

Wenn wir unsere eigenen Beurteilungen verstehen, werden wir ihnen gegenüber selbst freier. Doch durch kein Verstehen sind die den verstehbaren Sinn hervorbringenden Mächte zu erfassen, die doch in uns selbst gegenwärtig sind.

7. Forschend aber möchten wir ihnen so nah wie möglich kommen. Der rationale Weg ist, die je unüberschreitbaren »letzten Standpunkte« zu bestimmen, die nicht weiter diskutierbaren, weil nicht in ihren Gründen begreifbaren Axiome.

Aber erst in Konfliktsfällen der Praxis zeigt sich, worauf es einem Menschen ankommt. Nur im konkreten, zur Entscheidung zwingenden Augenblick, nicht im bloßen Nachdenken darüber wird es offenbar, was für einen Menschen den Vorrang hat, und weiter, ob er sein Leben in Rangordnungen führt, die diesem Leben Struktur geben, oder in einer den Sinn verschleiernden Verwirrung des Einmal-so-einmal-anders.

Der theoretische Entwurf letzter Standpunkte liegt nur im Rahmen einer rationalen Konstruktion. Wir dulden es weder in der Geschichtswissenschaft noch für uns gegenwärtig, daß ein Mensch oder ein Ereignis auf solchem Wege erschöpft werden. »Standpunkte« klären nur in einer rationalen Objektivierung, aber sie machen nie endgültig deutlich, was wir wirklich erfahren und tun. Unsere tiefsten Differenzen finden wir nicht in ihnen.

8. Mit dem Aufweis von letzten Standpunkten möchten wir an den Ursprung gelangen. Vergeblich! Nennen wir das, wofür die Standpunkte als bloße Vordergründe sich zeigen, die Mächte, so sind diese nicht rational angemessen in ein allgemein Gedachtes zu übersetzen. Sie sind nicht zu überblicken. Zwischen ihnen ist nicht zu wählen, denn ich stehe immer schon in ihnen, wenn ich wähle. Die Mächte sind mit mir da, ich habe sie, wenn ich in der Chiffer spreche, vorzeitlich mit mir selbst gewählt. Aber, obgleich ich ihre Wirklichkeit erfahre, kann ich mich nicht auf sie berufen. Erst was ich im Rationalen für andere und mich selbst mitteilbar mache, was deutlich in der Welt wird, ist das, womit ich begründen kann. In dieser Rationalität aber bleibe ich, solange es mir ernst ist, den Mächten verbunden. Sie werden dadurch heller und im Maße dieser Helligkeit wirklich. Durch die Helligkeit selber können sie sich in mir verwandeln. Die Verdeutlichung von Standpunkten setzt Zeichen, die über sich hinausweisen auf die Mächte.

Durch solche rationalen Konstruktionen gelangen wir auch zu Alternativen, die für unsere Einsicht zwar die jeweils erreichbar letzten, aber doch nicht die absoluten werden. Solche Alternativen sind etwa:

Erstens: Entweder gelten in der Welt überhaupt letzte Alternativen (nicht nur relative Entscheidungen für Situation und Augenblick). Oder es wird die Totalität der im Grunde gewußten Wahrheit ohne Alternative in Anspruch genommen.

Dort geht der Mensch den in der Zeit nicht vollendbaren Weg der Vernunft, hier nimmt er die Katholizität der gemeinsam gekannten einen Wahrheit an.

Zweitens: Entweder will ich mir ins Unendliche durchsichtig werden. Oder ich gebe dem Drang zur Verschleierung nach.

Dort will ich grenzenlose Kommunikation auch mit dem Fremdesten, hier schließe ich mich irgendwo ab und verweigere das Sprechen.

Drittens: Entweder halte ich in der Welt die politische Freiheit für das größte gemeinsame Gut. Oder ich bin bereit zur totalen Herrschaft.

Dort glaube ich, daß es sich lohne, das Leben einzusetzen, um die Möglichkeit eines den Menschen würdigen Lebens nicht preiszugeben, hier will ich bloß mein Dasein haben, am Leben bleiben und gehorchen.

Viertens: Entweder will ich Wahrheit, dann ziehe ich Redlichkeit und unbeschränktes Weiterfragen allem vor. Oder Wahrheit ist mir gleichgültig, dann bin ich bereit zur Sophistik und zur Indoktrination eines unfreien Denkens.

Fünftens: Entweder lasse ich in der Schwebe der Chiffern die Leibhaftigkeit des Transzendenten, das doch nie in Wahrheit leibhaftig werden kann, sich auflösen. Oder ich lebe mit der Leibhaftigkeit des Absoluten, Gottes oder der Götter, beharre etwa auf dem: Gott ist Mensch geworden. –

Aber so, wie diese Alternativen hier ausgesprochen werden, ist Antwort und Entscheidung schon vorweggenommen. Denn die andere Seite wird sich in diesen Formulierungen als mißverstanden ansehen.

Wenn ich solche Alternativen aufstelle, so geschieht

das nicht von einer übergeordneten Instanz her, die kein Mensch beanspruchen kann. Vielmehr sind Alternativen von dem Ort her gesehen, an dem ich stehe, ohne diesen Ort in einem Raum bestimmen zu können.

9. Ich fasse zusammen: Der Wille zur Reinheit der Wissenschaft entspringt selber dem Willen der Existenz zur Wahrhaftigkeit. Die Wissenschaft muß verzichten auf das, was sie nicht leisten kann: auf Beurteilungen, möge man sie Werturteile, Glaubensurteile, Willensurteile nennen.

Beide, der Wille zur reinen Wissenschaft und der Wille zur Reinheit der Existenz, beruhen auf freiem Entschluß.

Wer reine Wissenschaft will, steigert die Chancen, mit allen Denkenden in dem wissenschaftlich Erkannten einmütig zu werden.

Wer in Freiheit leben will, muß den Kampf der widerstreitenden existentiellen Mächte zur Klarheit bringen und hat dadurch die Chance, noch durch diesen Kampf selber in dem übergreifenden Menschsein dem Gegner sich zu verbinden.

Mit der Unterscheidung von Erkennen und Werten, der Lebensfrage zugleich für Wissenschaft und für Existenz, ist eine Leidenschaft verbunden, die nicht bloß die Leidenschaft des Forschens ist. Sie entspringt dem Glauben an den Sinn von Wahrheit.

Die Leidenschaft zur Werturteilsfreiheit in der reinen Wissenschaft geht mit dem Glauben, daß in der Wahrheit der Sinn des Menschen liege, und steht gegen alle Mächte, die Wahrheit leugnen und nicht wollen.

Diese Leidenschaft zur Wahrheit wird nicht zu einer Position, sondern bleibt Bewegung im Sinne der Wahrheit selber. Denn was Wahrheit sei, in welchem vielfachen Sinn es Wahrheit gebe, das bleibt immer wieder die Frage.

So auch die scheinbar so einfache Unterscheidung von Tatsachenerkenntnis und Werturteil. Sie ist die Angabe einer Richtung des Erkennens, das im Erkennen die Werturteile selber, sie zum Gegenstand machend, mit einschließt. Die allgemeine Unterscheidung ist einfach, das Verfahren im konkreten Fall immer neu.

10. In der Besinnung auf Tatsachenerkenntnis und Werturteil vollzieht sich unsere Befreiung aus der Befangenheit, in die wir uns selbst durch unreflektiertes Denken verstricken. Die unwissende Unschuld unserer scheinbar natürlichen Einheit von Erkennen und Bewerten ist ohne Bewußtsein, aber doch gleichsam selbstverschuldet: wir können uns herausreißen.

Dann werden wir frei durch die Distanz zur Welt und zu uns selber.

Diese Distanz wird erworben als ein Grundzug unserer Wissenschaftlichkeit wie unserer Lebensverfassung. Eines spiegelt sich im anderen.

Diese Distanz heißt im philosophischen Denken auch das methodologische Bewußtsein: ich weiß, was ich denkend tue, sehe den Weg, den ich gehe, erfahre den eigentümlichen Sinn und die Begrenzung jeder Denkweise.

Die Distanzlosigkeit läßt mich nicht zu mir selbst kommen, weil ich mitgerissen werde im Gang der Dinge, in meinen Gedanken und Bildern, ohne daß ich dabei ich selbst bin.

Aber wo stehe ich in der Distanz? In der Wirklichkeit, die wir selbst sind: durch die Distanzierung komme ich eigentlich zu mir selbst dadurch, daß ich mich nun erst mit vollem Bewußtsein identifiziere: ich bin bewußt ganz dabei, eingesenkt in die geschichtliche Wirklichkeit.

Wohin befreit mich die Distanz? Zur Unbefangenheit in der Beziehung zur Transzendenz, zur Unabhängigkeit in der Weise der Erfahrung meiner totalen Abhängigkeit im Mir-geschenkt-sein.

VIII. PSYCHOLOGIE UND SOZIOLOGIE

1. Psychologie und Soziologie sind erst seit hundert Jahren als empirische Wissenschaften aufgetreten. Heute beanspruchen sie eine mächtige Geltung und besitzen sie. Eine unermeßliche Literatur hat eine kaum zu überschätzende Wirkung auf die Denkungsart der Zeit.

Beide haben zu ihrem Kern echte Wissenschaft. Sie stellen Tatsachen fest. Sie nutzen klar bestimmbare und kritisch anwendbare Methoden (Materialsammlung, Experimente, Beobachtung und Beschreibung, Unterhaltung, Fragebogen, Statistiken, historische Forschungen, Lebensläufe). Sie analysieren durch begriffliche Unterscheidungen, durch Entwürfe von Sinnzusammenhängen und Situationszusammenhängen.

Heute will ich nicht von den großen wissenschaftlichen Leistungen der Psychologie und Soziologie sprechen, sondern von ihren Verkehrungen. Nur diese sind eine verheerende Macht unserer Zeit.

Erstens: Ihre wirklichen Erkenntnisse sind umgeben von Wolken allgemeinen Geredes. Es verdunkelt den Menschen, schwächt die Urteilskraft, verschleiert die Realitäten. Wie ein wucherndes Pilzgeflecht löst es in den Menschen die existentiellen Möglichkeiten auf.

Zweitens: Zwei Denker vor allem, Marx für die Soziologie, Freud für die Psychologie, haben mit einer außerordentlichen Energie der Beobachtung und Konstruktion neben wirklichen Erkenntnissen falsche und ruinöse Anschauungen vom Menschen geschaffen. Es waren hassende Männer, die wie Propheten Glauben erweckten. Ihnen folgten Menschen, die, der Kirche entfremdet, die Philosophie noch nicht erreicht hatten. Daß sie als Forscher auch echte wissenschaftliche Erkenntnisse brachten, hat ihrer pseudowissenschaftlichen Prophetie erst recht für den Wissenschaftsaberglauben ein Prestige gegeben.

Zunächst zeige ich simplifizierend, wie Marxisten und Psychoanalytiker uns im Gespräch begegnen können.

2. In den zwanziger Jahren wurden einst in meinem Seminar die Erörterungen der Kantischen Freiheits-Gedanken plötzlich unterbrochen. Ein marxistischer Student sagte: Das alles ist doch nur Ideologie der bürgerlichen Klasse. Man muß Kantisches Denken als Überbau und kann es nur so wahrhaft verstehen.

Ich antworte: Bitte zeigen Sie uns, wo dies Kantische Freiheitsdenken mit seiner sich an den Menschen als Menschen wendenden Begrifflichkeit mit einer Klasse einer gesellschaftlichen Ordnung zusammenhängt.

Der Marxist: Der Freiheitsbegriff ist ein Selbstbetrug der bürgerlichen Klasse. Es gibt keine Freiheit des Einzelnen. Es gibt nur die Freiheit im Mitgehen mit der notwendigen gesellschaftlichen Entwicklung, die wir erkannt haben.

Ich: Sie leugnen die persönliche Freiheit. Sie wissen, daß Kant ebenfalls die Freiheit als eine empirisch vorkommende und erforschbare Realität leugnet. In dem unter der unentrinnbaren Kategorie der Kausalität erforschten realen Dasein kommt Freiheit nicht vor. Nun aber das Wesentliche: Wir Menschen sind mehr als ein durch Psychologie und Soziologie erforschbarer Gegenstand. Wenn wir uns nicht selbst verachten wollen, folgen wir einer unbedingten Forderung, die wir durch uns selbst in uns hören. Dies wird durch die sublimen philosophischen Gedanken hell, aber nicht bewiesen. Denn Philosophie, obgleich methodisch strenges Denken, ist keine Wissenschaft. Die Frage ist vielmehr: Wollen Sie die existentielle Erfahrung der inneren Forderung leugnen?

Der Marxist: Ich leugne sie. Ich höre die Forderung der Geschichte und ihre Sprache in der Parteilinie, aber nicht die von privaten Einbildungen. Ihr Denken ist irrationalistisch. Ich halte mich an den klaren Verstand.

Ich: Woher wissen Sie den notwendigen Gang der Geschichte im Ganzen? Alles Erkennbare ist in dem unendlich verflochtenen Gang der Dinge nur ein je einzelner Faktor. Der Gang im ganzen wird vom Menschen nie erkannt, wird weder nachträglich als Notwendigkeit begriffen noch als Zukunft vorausgewußt. Sie wissen doch, daß Marx' eigene Voraussagen sich großenteils als falsch erwiesen haben.

Der Marxist: Das sind Kleinigkeiten. Im ganzen hat Marx durch die materialistische Geschichtsauffassung und die Dialektik den Gang der Geschichte für uns aufgezeigt.

Ich: Nach Ihrer Auffassung der geistigen Wirklichkeit als eines Überbaus der Klasseninteressen müßte Ihre Meinung vom Gang der Geschichte und die Überbaulehre selber die Ideologie Ihrer Klasse sein.

Der Marxist: Keineswegs, denn in den Proletariern kommt endlich und zum erstenmal der Mensch selber und als solcher zur Geltung. Seine Verwirklichung des Menschen läßt alle Klassen verschwinden. Wir brauchen keine Ideologie mehr, sondern sind durch die Wissenschaft, die Marx geschaffen hat, zur Erkenntnis gekommen, die nun alle bewegt.

Ich: Die Denkungsart, die das Geistige als Überbau, nicht als eigenständigen Ursprung sieht, ließe sich vielleicht auf manche Marxisten der Zeit vor ihrer Machtergreifung anwenden: Die Schlechtweggekommenen zum Beispiel, seien es damals die Proletarier, seien es gescheiterte Bürgerliche, suchen Ersatz: der Proletarier für sein damals noch elendes Dasein den Zukunftsglauben an ein irdisches Paradies, der Bürgerliche für sein verlorenes Ethos in einer Geltung, die er als Literat-Revolutionär bei den Massen findet.

Der Marxist: Ihre Psychologie lehne ich ab. Es handelt sich um die großen geschichtlichen Prozesse, die zur wahren Gesellschaftsordnung führen. Sie können die Sache selbst nicht sehen, daher lenken Sie auf das Persönliche ab, es psychologisch disqualifizierend.

Ich: Das gerade ist es, was ich Ihnen vorwerfe, wenn Sie über Kantische Philosophie urteilen. Sie lenken von der großen Sache ab durch eine soziologische Auffassung, in deren Blickfeld niemals die Wahrheit der Kantischen Philosophie treten kann.

Für unser Seminar schlage ich Ihnen vor: Sehen wir beide ab von psychologischen und soziologischen Deutungen, die gleicherweise unangemessen sind, und beschäftigen wir uns mit dem Kantischen Philosophieren, um zu erfahren, was in den Gedanken als solchen liegt.

Ob wir allerdings diese Gedanken in sich selbst verstehen wollen, das ist jedes Einzelnen Entschluß. Es ist von niemandem zu verlangen. Aber meinen Sie nicht: Wer in mein Kant-Seminar kommt, von dem darf ich diesen Entschluß voraussetzen? Wir haben es hier mit Kant und nicht mit Marx zu tun.

3. Ich berichte eine zweite simplifizierte Diskussion aus den zwanziger Jahren.

Ein Psychoanalytiker sagt: Unsere Grundwirklichkeit ist die sexuelle libido. Durch ihre Verdrängung entsteht vermöge ihrer Sublimierung die Geistigkeit, bei Mißlingen der Sublimierung aber die Neurose.

Ich antworte: Mir scheint: Ein philosophischer Gedanke, eine geistige Vision, eine dichterische Schöpfung, eine Forschungsidee sind in ihrem gültigen Sinn ursprünglich. Manchmal kann man kausale Bedingungen für den Zustand aufzeigen, dem die gültigen Schöpfungen zuteil werden. Hölderlins späte Hymnen und van Goghs späte Gemälde wären mit ihrer Tiefe und ihrer Form nicht ohne die Geisteskrankheit entstanden. Das beeinträchtigt nicht die Ursprünglichkeit ihres Sinns. Einen empirischen Beweis, daß durch Verdrängung etwas geistig Großes entstanden sei, finde ich nicht. Würde er aber geliefert, so wäre auch damit über die Ursprünglichkeit der Schöpfung nichts ausgemacht. Wenn man aber von Verdrängung redet, so läßt sich mit gleichem Recht und mit einem jedenfalls nicht geringeren Deutungserfolg die Frage abwandeln: Kann man vielleicht nicht nur die sexuelle libido, sondern auch die Kraft existentiellen Geistes verdrängen?

Aber auf welchem Wege sollen wir entscheiden, wer in der Frage der Wirkung der Verdrängung und der Kräfte, die verdrängt werden können, recht hat?

Psychoanalytiker: Die Erfolge der analytischen Psychotherapie sind beweisend: Die Verdrängungen werden aufgelöst, der Kranke wird gesund.

Ich: Dasselbe Verfahren wie gegen Neurosen würde dann also gegenüber den geistigen Schöpfungen anwendbar sein. Die Aufhellung hat zur Folge, daß sie ausbleiben.

Wie aber steht es überhaupt mit den Erfolgen der Psychoanalyse? Die Erfolge bei bestimmten körperlichen Erscheinungen sind nachweislich mit anderen Methoden nicht weniger erzielt worden. Die Erfolge bei seelischen Zuständen jedoch sind von grundsätzlich anderem Charakter. Worin liegt bei ihnen der Erfolg? Was ist der Maßstab?

Psychoanalytiker: Der entscheidende Beweis ist die Zustimmung der Kranken, die an sich selbst die Wahrheit der Lehre erkennen. Wir diskutieren vergeblich. Sie müssen sich selbst analysieren lassen. Dann erst machen Sie die Erfahrungen, die Voraussetzung für eine Diskussion sind.

Ich: Das habe ich eine Weile getan, als ich jünger war und alle Möglichkeiten psychologischer Beobachtung kennen lernen wollte. Mein psychoanalytischer Freund aber sagte nach einiger Zeit: Ihre Theorie ist ein so mächtiges Vorurteil, daß es mir nicht gelingt, Ihr Unbewußtes zum Sprechen zu bringen.

Aber Sie haben den wesentlichen Punkt getroffen: die Zustimmung dessen, der die Psychoanalyse an sich vornehmen läßt. Aber was beweist diese Zustimmung?

Diese Zustimmung erfolgt keineswegs bei allen. Sie ist nur möglich, wenn sich beim Analysierten der Glaube an die Lehre entwickelt.

Wie sollen wir dann aber entscheiden zwischen der

Wahrheit der Psychoanalytiker und der Wahrheit des philosophischen Glaubens?

Psychoanalytiker: Sehr einfach. Ich wiederhole: Sie müssen sich analysieren lassen, dann erfahren Sie die Wahrheit durch sich selbst.

Ich: Ja, da liegt es: Recht hat, wer den anderen in die Situation des Analysiertwerdens bringen kann, so daß dann dieser Andere im Selbstverständnis anerkennt, was in der Tat durch den Psychoanalytiker indoktriniert wird, so wie dieser selber indoktriniert wird. Es ist konsequent, daß die Analytiker heute die Lehranalyse verlangen, aber zugeben, daß nicht jeder qualifiziert ist. Wer nämlich seine kritische Vernunft nicht fahren läßt, wird als unbegabt erkannt und muß ausscheiden.

Psychoanalytiker: Das Verfahren scheint mir doch höchst vernünftig. Es ist doch der freie Wille und gar kein Zwang, der sich diesen Erfahrungen aussetzt und ihre heilende Bedeutung erfährt. Warum sprechen Sie von Indoktrination, die ein Verfahren in Bereichen totaler Herrschaft ist? Sie disqualifizieren als Zwang und Unfreiheit, was aus Freiheit geschieht und frei bleibt.

Ich: Sie haben recht, daß keine Gewalt, keine Bedrohung stattfindet. Ich nenne das Verfahren nur in dem Sinne Indoktrination, als es in Übungen, Wiederholungen, Einprägungen, Lenkungen analog den mönchischen Exerzitien besteht, die — falls das kritische Denken schweigt und der Glaube glauben will — zum Ergebnis einer Welt- und Selbstauffassung führt, die unkorrigierbar wird.

Daß es sich um Indoktrination und nicht um wissenschaftliche Erfahrung handelt, bezeugen auch diejenigen, die als Patienten die Psychoanalyse verachtend und empört aufgeben.

Psychoanalytiker: Sie verlassen fortwährend die Ebene wissenschaftlicher Polemik. Was Sie sagen, ist nicht mehr Kritik, sondern Propaganda gegen eine Ihnen verhaßte Sache. Sie wollen diese diskreditieren. Sie haben nun einmal den Tick.

4. Solche simplifizierten Diskussionen geben durchaus kein Bild von der Gesamtheit der Themen des Marxismus und der Psychoanalyse und gar keines von dem, was in ihnen trotz der Glaubensverfassung im ganzen doch im einzelnen geleistet ist, besonders von Marx. Aber sie mögen die Vergeblichkeit einer Diskussion anschaulich machen, deren Art sich grundsätzlich durchschauen läßt:

Wo es sich um wissenschaftlich nachweisbare Richtigkeit handelt, sind die Diskutierenden auf ein für alle Denkenden gemeinsam zu Erkennendes, auf eine Sache gerichtet. Wo es sich aber um Wahrheit handelt, die das Leben trägt und formt und ihm Gehalt gibt, da ist nicht nur der Verstand, sondern das Wesen der Diskutierenden selbst zum Grund der Wahrheit geworden.

5. Marx ist nicht die Soziologie, Freud nicht die Psychologie. Aber die außerordentliche Wirkung beider Männer bezeugt, daß Soziologie und Psychologie die zwiefache Möglichkeit in sich bergen: echte Erkenntnisse vom Menschen zu gewinnen und prophetisch auftretende, pervertierte Philosophie zu werden. Woran liegt das?

Erstens: Psychologie und Soziologie haben kein eigenes fachwissenschaftliches Fundament. Wer in ihnen forscht, braucht jeweils eine spezifische, durch Übung entwickelte Wissenschaftlichkeit, sei es als Philologe, Historiker, Jurist, Physiologe, Mediziner, Theologe usw. Wo solcher Boden fehlt, verliert man sich in das allgemeine Gerede.

Zweitens: Psychologie und Soziologie sind Universalwissenschaften. Es gibt nichts, das nicht einen Aspekt hätte, durch den es ihnen Gegenstand wird. Verkehrt aber wird ihr Sinn, wenn sie aus Universalwissenschaft zur Totalwissenschaft werden, das heißt: wenn sie nicht nur nach jeweils gewonnenen methodischen Gesichtspunkten jede Erscheinung menschlicher Dinge in ihr Blickfeld ziehen, sondern wenn sie das Ganze des Menschseins zu ihrem vermeintlichen Gegenstand machen.

Drittens: Die gegenständlich erkennende Psychologie scheint vom Gleichen zu sprechen wie die anrufend erhellende Philosophie. Aber es verkehrt sich alles. Zum Beispiel in der Psychoanalyse: Während das Philosophieren auf den Weg des Sich-durchsichtig-Werdens der Existenz führt, erzeugt die Psychoanalyse durch ihre Weise der Entlarvung eine neue, um so tiefere existentielle Verschlossenheit. Während das Philosophieren in der konkreten Situation erhellt, verführt die Psychoanalyse zum existentiellen Unsinn der Traumdeutung. Während das Philosophieren in den Grenzsituationen das Schicksal sich offenbaren läßt, täuscht die Psychoanalyse durch ein Scheinwissen von Himmel und Hölle in meinem Unbewußten. Schließlich: Die Gewißheit eingeborenen Adels als Forderung verkehrt sich in die Anerkennung der inneren Häßlichkeit und Gemeinheit.

Viertens: Die Hypothesen der Psychoanalyse verwandeln sich in ein Seinswissen, eine Ontologie, als eine Psychifizierung der Welt.

Fünftens: Der Ernst der Existenz wird zur Seichtheit des psychoanalytischen Verhaltens. –

So werden Psychoanalyse und Marxismus zu einem Afterbild der Philosophie.

Beide sehen auf ihre Weise die Verlorenheit des Menschen als Selbstentfremdung und bieten sich an als Weg zum Heil, der Marxismus politisch, die Psychoanalyse psychotherapeutisch. Beides kann sich verbinden. 1933 sagte mir ein damals prominenter Psychoanalytiker: Hitlers Tat ist der größte psychotherapeutische Akt der Geschichte.

1931 habe ich in meiner Schrift »Die geistige Situation der Zeit« Marxismus, Psychoanalyse, Rassentheorie, das heißt allgemein: Soziologie, Psychologie, biologische Anthropologie, in ihrer Verwandlung zur Weltanschauung, unter Verlust ihrer Wissenschaftlichkeit, die drei geistigen Widersacher unserer Zeit gegen das Menschsein genannt. Gegen sie können wir uns als wir selbst nur behaupten durch das Philosophieren, das in jedem Menschen sich vollzieht, aber durch das ausdrückliche und planmäßige Philosophieren zur Klarheit gebracht wird.

6. Bei der Verkehrung von Psychologie und Soziologie in Totalwissenschaften zeigen sich bei ihren Vertretern manchmal merkwürdige Erscheinungen:

Der Wille zur Macht gewinnt den Vorrang vor dem Willen zur Wahrheit. Dieses Wissen vom Menschen erhebt gleichsam über den Menschen. Die Leute nehmen zuweilen eine wunderlich hochmütige Haltung ein, als ob sie das tiefe, enthüllende, souveräne Wissen besäßen. Von ihm her blicken sie hinab auf die Befangenheiten der Menschen. Sie fühlen sich als überlegene geistige Herrscher der Welt, um so lächerlicher, wenn sie persönlich rechte Zwerge sind.

Ein berühmter Psychotherapeut, kein Zwerg, den ich, einst mit ihm als Student befreundet, vor Jahrzehnten auf der Durchreise besuchte, antwortete, als ich mich entschuldigte, ihm mitten in seiner Sprechstunde kostbare Zeit zu nehmen: »Aber nein, ich freue mich, eine Weile meine Tätigkeit als Dompteur unterbrechen zu können.« Zwar ein Scherz, aber ein treffender! Denn in der Form der freien Kommunikation vollzieht sich hier ein Kampf.

Die totale Erkenntnis des Menschen, meint der Wissende, bringt eine Verfügungsgewalt über den Menschen. Er erhebt den Anspruch, das Menschendasein nach den Erkenntnissen lenken zu können. Während man auf Grund reeller Erkenntnisse die realen Daseinsbedingungen in begrenztem Umfang tatsächlich behandeln, verändern, gestalten kann (von Arbeitstechniken, Pflege der psychophysischen, hygienischen Umstände bis zu Institutionen), entsteht die Meinung, der Mensch selber sei ein durch menschliche Erkenntnis zu veränderndes, zu züchtendes, zu manipulierendes Wesen.

In der Psychologie und Soziologie liegt, sobald ihre wissenschaftlichen Möglichkeiten überschritten werden, die Tendenz zum Herabziehen des Menschen. Sie lassen Glaube und Wahrheit nur als psychologische Faktizität gelten. Da sie Glauben und Wahrheit als empirischen Gegenstand ihrer Wissenschaften für erschöpft zu halten geneigt sind, zerstören sie beide. Es bleibt nur der ihnen eigene diffuse Pseudoglaube.

7. Solche Denkungsart ist gefährlich für den Menschen selbst. Sie operiert mit Bildern vom Menschen, die ihn versklaven unter totale Auffassungen von ihm. Sie lassen ihn selbst verschwinden in den Klischees eines Wissenschaftsaberglaubens. Wir werden uns, wenn wir ihnen folgen, uns selbst entrissen.

Das Herausarbeiten der reinen Wissenschaftlichkeit in Psychologie und Soziologie ist die Folge des Philosophierens und gibt umgekehrt ihm den Raum frei.

Wir wissen uns in den Abhängigkeiten von unserem psychophysischen Dasein, von den sozialen und politischen Zuständen unserer Welt, von den Denkmöglichkeiten unseres Bewußtseins überhaupt und seiner Kategorien — und machen das alles zum Gegenstand unserer Wissenschaften, der Psychologie, der Soziologie, der Logik. Aber wir suchen in diesen Daseins- und Denkabhängigkeiten den unabhängigen Ort — und philosophieren. Dann erblicken wir uns und unsere Welt, der wir verhaftet sind, gleichsam von anderswoher.

Hier ist der Ort, an dem wir wir selbst sind. An ihn gelangt keine der Wissenschaften, gar nicht die Psychologie und die Soziologie. Von ihm her gewinnen vielmehr auch diese Wissenschaften erst ihren wahren Antrieb und ihren begrenzten Sinn.

IX. ÖFFENTLICHKEIT

1. Als 1962 durch die Spiegel-Affäre Presse, Parlament und Regierung erregt wurden, von Landesverrat ohne überzeugenden Grund die Rede war, übereilte Verhaftungen auf eine an Polizeiterror erinnernde Weise stattfanden, da wurde öffentlich die Frage lebendig, was Freiheit der Presse eigentlich bedeute.

Als durch eine Zeitschrift enthüllt wurde, daß vom Amt für Verfassungsschutz verfassungswidriges Abhören von Telefongesprächen veranlaßt wurde und der verantwortliche Minister höhnte, er könne nicht verlangen, daß seine Beamten ständig mit dem Grundgesetz unter dem Arm herumgingen, da konnte bewußt werden, was die Unantastbarkeit der Verfassung bedeutet.

Als der Mann, der aus dem Amt für Verfassungsschutz über das verfassungswidrige Handeln in diesem Amt Mitteilung an jene Zeitschrift, also an die Öffentlichkeit gemacht hatte, unter Anklage wegen Landesverrat gestellt wurde, da konnte man sich Gedanken machen über die Verletzung des öffentlichen Interesses durch die uneingeschränkte Amtspflicht zur Geheimhaltung.

Wenn Gewerkschaften klagen, daß sie bei Verhandlungen mit den Arbeitgebern keinen Einblick haben in die zum Teil geheimgehaltenen Wege, auf denen das von den Firmen erworbene Einkommen entsteht und wohin es geht, kann man sich fragen, ob eine vernünftige Verhandlung ohne gegenseitige radikale Offenheit überhaupt möglich ist.

2. Jedes dieser Beispiele zeigt den Widerstreit von Macht, die zum Verbergen drängt, und Wahrheit, die öffentliche Mitteilung will.

Dieser Widerstreit ist jedem von uns unüberwindbar eigen. Ich spreche zuerst von unserem persönlichen Leben. Wir Menschen sind nicht Engel, die unsere Phantasie sich vorstellt. Engel sind (in der alten Konstruktion) einander bis ins letzte durchsichtig, leben ohne Gewalt in einem zeitlosen Zustand erfüllter Bewegtheit, im Lichte reiner Wahrheit. Wir Menschen aber sind auch nicht Bestien. Wir können miteinander leben in liebendem Kampf, in dem uns Wahrheit erwächst.

Der Widersacher der Wahrheit in uns ist schon im engsten Umkreis der Machtwille. Der Wahrheitswille drängt zur Offenheit, der Machtwille zur Verschlossenheit. Würden wir den Machtwillen zum Erlöschen bringen, dann würde die Verschlossenheit sich lösen.

Menschen aber sind wir, weil nicht nur dieser Widerstreit in uns liegt, sondern die Forderung, im Kampfe mit dem in uns gegen uns selbst wirkenden Widersacher eigentliche Menschen zu werden.

Der Machtwille verkleidet sich in den Schein der Wahrheit. Er braucht ihn, damit der Wahrheit noch seine Reverenz bezeugend, als Mittel der Macht. Er macht Lüge zur Wahrheit. Die Verlogenheit wird sein Lebensmedium, in dem er den Vorrang hat.

Der Machtwille nimmt aber diese Gestalt vor allem dann an, wenn in seinem Hintergrunde der Wille zur Gewalt lauert. Zur Gewalt durch intellektuelle Überlegenheit, durch trotzige Herausforderung, durch Bedrohung, durch schlaue Irreführung. Aber der Machtwille als solcher kann wahrhaftig sein, Wahrheit selber ist eine Macht.

Wir wollen, daß unsere Verschlossenheit und Verlogenheit nicht endgültig bleibe.

Warum wollen wir Wahrheit und darum Offenheit? Warum wollen wir kein Geheimnis durch Verschweigen?

Erstens: Weil uns Wahrhaftigkeit Menschenwürde ist. In der Unwahrhaftigkeit sind wir uns selbst zuwider.

Zweitens: Weil wir Wahrheit nur miteinander erreichen: Im Verschweigen werden wir mit uns selbst unwahr. Es ist schlimm für einen Menschen, der niemanden hat, mit dem er in Gegenseitigkeit ganz offen, ganz rückhaltlos, ganz wahrhaftig sein kann!

Wie im persönlichen Leben, so wird in der Gemeinschaft aller der Gang der Dinge unwahr, nämlich durch Verschweigen des öffentlich Wichtigen. Die öffentliche Verlogenheit ist ein Spiegel der persönlichen. Wir leben im Dunkel. Wie jeder sich selbst, so möchten wir im gemeinsamen Schicksal und Handeln uns durchsichtig werden.

3. Damit betreten wir das Feld der Politik.

Wenn wir uns preisgegeben sehen an wirtschaftliche und politische Entscheidungen und Entwicklungen, auf die wir nicht den geringsten Einfluß zu haben meinen, dann möchten wir wohl in ein apolitisches Leben flüchten. Aber diese Entwicklungen werden doch von Menschen erzeugt. Menschen können sich besinnen, erkennen, ihr Handeln ändern, miteinander denken und miteinander handeln. Also macht jene Flucht uns mitschuldig.

Unsere in der Existenz des Menschen wurzelnde, philosophisch zu vollem Bewußtsein gelangte Überzeugung ist: Nur auf dem Weg der Wahrheit in der Öffentlichkeit kann der politische und wirtschaftliche Gang des Daseins für uns zum Guten führen. Maximale Öffentlichkeit ist für die Wahrheit notwendig.

In der Politik sind Unwahrheit, List und Lüge ein bisher selbstverständliches Mittel. Aber der Vorteil der Unwahrheit ist immer nur für ein augenblickliches Daseinsinteresse auf Kosten der Zukunft. Sie schlägt auf die Dauer dem Dasein selber zum Nachteil aus. Die Wahrheit kommt über die Lüge. Auf Lüge gebaute Staaten trifft das Verhängnis durch die in ihnen aus der Tradition der Lüge erwachsene Politik.

Es ist eine Schuld des sich selbst betrügenden Willens, die übermächtige Realität der Gewalt und der Lüge nicht wahrhaben zu wollen. Nur wenn wir ihre bisher noch faktische Unentrinnbarkeit sehen, dann können wir uns in ihr behaupten und versuchen, sie einzuschränken. Das setzt voraus, daß wir uns nicht täuschen lassen, wenn Gewalt und Lüge in der Stille, langsam, alltäglich und dann in entscheidenden Augenblicken alles überwältigend sich durchsetzen. Das heißt: Voraussetzung ist die unbeschränkte Öffentlichkeit der Wahrheit.

4. Öffentlichkeit ist der Raum der Politik eines freien Volkes. Das Maß der Öffentlichkeit ist Kriterium seiner Freiheit. Entwerfen wir zunächst den idealen Zustand: Die politische Freiheit verlangt, daß öffentlich geschehe, was das Schicksal aller bestimmt. Öffent-

lich soll es bedacht, der Entschluß vorbereitet werden. Auf Grund dessen, nicht auf blindes Vertrauen hin, soll die Zustimmung erfolgen. Ein freies Volk nimmt mitwissend und mitdenkend teil an den Handlungen der Regierenden, an dem Aufbau der Institutionen und an dem Beschluß der Gesetze. In einem freien Volk sind die Chancen des Aufstiegs der Politiker von unten her. Sie gehen hervor aus kleinsten Gruppen von Berufen, Nachbarschaften, freien politischen Diskussionsvereinigungen. In ihnen bewähren sie sich als vertrauenerweckende Persönlichkeiten, als urteilskräftige und sachkundige Führer. Zuerst aus ihnen, nicht durch eine auswählende Parteibürokratie der von vornherein berufsmäßigen Politiker steigen sie hoch. Sie werden wahrgenommen, weil das politische Bewußtsein das Volk durchdringt. Sie werden öffentlich in breiten Kreisen sichtbar in ihrem Verhalten, in Rede und Schrift. Bei Wahlen wissen die Wählenden, wen und was sie wählen. Ein freies Volk weiß, daß es die Verantwortung für seine Regierung hat und für deren Handlungen haftet. Einem solchen Volk anzugehören, ermöglicht den freien Menschen. Er kann Bürger sein.

Solche Schilderung zeigt ein Ideal, hat Sinn als Maßstab der Beurteilung und als Antrieb, sich ihm zu nähern. Die Realität sieht noch anders aus.

Unsere reale Öffentlichkeit ist nicht einfach der Spiegel eines Volkes. Sie soll der Raum seiner politischen Selbsterziehung sein. Ein der Möglichkeit nach freies Volk gewinnt keine Ruhe angesichts seiner Irrungen und Schicksale. Es fordert von sich die Selbsterziehung in Gegenseitigkeit von Volk und Regierenden. In allem Wandel ist ein einziges Unwandelbares: die Aufgabe der Errichtung und Bewahrung eines Lebens politischer Freiheit.

Die politische Selbsterziehung erfolgt an den Realitäten alle Tage und in den großen entscheidenden Augenblicken durch ständige Übung der Denkungsart. Erst in den konkreten Situationen wird die Erfahrung gemacht und die Urteilskraft bewährt.

Öffentlichkeit ist der Raum zunächst der Mitteilung, dann des geistigen Kampfes. Sie ist keineswegs die Substanz einer vorhandenen öffentlichen Meinung, die sich als etwas Maßgebendes feststellen ließe.

In der Öffentlichkeit zeigen sich die partikularen Interessen. Sie stoßen mit anderen Interessen zusammen. Daher hat ihr Anspruch als öffentliches Interesse nur recht im Rahmen aller Interessen. Kein Einzelinteresse darf sich mit dem öffentlichen Interesse, dem bonum commune, gleichsetzen.

Nur ein einziges öffentliches Interesse ist absolut: daß jener Kampf in Wahrheit und Wahrhaftigkeit mit gleichen Chancen möglich ist, der Kampf zugleich um die Rangordnung der Interessen und um das übergreifende Gemeinsame über allen Interessen: die Freiheit, die res publica.

5. Öffentlichkeit nennen wir heute insbesondere die Welt der Redner und Schriftsteller, der Zeitungen und der Bücher, des Rundfunks und des Fernsehens. Diese Öffentlichkeit ist nicht die Stätte der einen Wahrheit, sondern des Kampfes um die Wahrheit.

Die Schriftsteller sind die dritte Macht zwischen Regierung und Volk, zwischen dem Handeln der Politiker und der öffentlichen Stummheit der Bevölkerung. Sie schaffen die alle verbindende Sprache. Diese dritte

Macht hat aber eigene Bedeutung nur im Maße ihrer Unabhängigkeit.

Die Schriftsteller haben keine andere Macht als die der Überzeugungskraft. Wegen ihrer Machtlosigkeit nicht selten verachtet, sind doch sie es, die die Vorstellungen schaffen und die Denkungsarten üben. Was sie tun, mag überwiegend in den Wind geredet sein. Aber in diesem Tun entsteht, was die Welt bewegen kann.

Nennt man sie die Philosophen, so konnte Plato meinen, daß sie, weil ihnen die volle Einsicht gegeben sei, auch zum Herrschen berufen seien. Daher sein berühmtes Wort: Die Staaten können erst in Ordnung kommen, wenn entweder die Philosophen Könige oder die Könige Philosophen werden.

Das nun gilt uns als eine maßlose Überschätzung der Möglichkeiten einzelner Menschen und der dem Denken hingegebenen Philosophen. Unserem Willen zur Freiheit entsprechend, hat Kant die in Platos Anspruch verborgene Wahrheit anders ausgesprochen. Er sagt: Die Regierenden sollen die Philosophen frei reden lassen, ihre Gedanken hören und zu Rate ziehen. Das geschieht durch die öffentliche Mitteilung ihrer Gedanken und ihr öffentliches Kampfgespräch. Dagegen erwartet Kant nicht, daß die Könige philosophieren oder Philosophen Könige werden. Das würde sogar, wenn es möglich wäre, gar nicht wünschenswert sein, »weil der Besitz der Gewalt das freie Urteil der Vernunft unvermeidlich verdirbt«. Und dann fährt er fort: »Daß aber Könige oder königliche (sich selbst nach Gleichheitsgesetzen beherrschende) Völker die Klasse der Philosophen nicht verschwinden oder verstummen, sondern öffentlich sprechen lassen, ist beiden zur Erleuchtung ihres Geschäftes unentbehrlich.« Von dieser Klasse der Philosophen hat er eine gute Meinung: sie seien ihrer Natur nach unfähig zur Bildung von Rotten, Klubs, Cliquen; man könne sie nicht wegen einer Propaganda verdächtigen.

Kants Idee des öffentlichen Gespräches der ratgebenden Philosophen und sein Anspruch an deren Natur scheint wie die Magna Charta der Schriftsteller. Sie werden zwar eine Klasse genannt, entbehren aber einer Institution. Ihr freies Dasein gehört zum Wesen eines freien Volkes.

Regierungen unfreier Völker wehren sich gegen die dritte Macht, die Macht des Geistes. Sie nutzen die Schriftsteller für ihre Zwecke, wenn es ihnen gelingt. Sie geben der Presse Informationen, öffentliche, die beschränkt und in jedem bedenklichen Fall verschleiert sind, private ausführliche um den Preis, daß die Informationsempfänger ihnen taktvoll zu Diensten stehen zwecks Erhöhung des Vertrauens zu ihnen und Beschwichtigung des Ernstes einschneidender wahrhaftiger Forderungen. Sie empören sich, wenn Schriftsteller ihre von den Regierungen so genannten privaten Meinungen durch Massenmedien verbreiten. Sie rühmen den Geist, aber meinen den dienstbaren Geist. Sie rühmen die Presse und die Pressefreiheit, aber meinen die dienstbare Presse. Aber sie sind sich dessen nicht bewußt, weil sie selber zu wenig Anteil haben am Geiste.

6. Der Idee der Öffentlichkeit als Ursprung der gemeinschaftlichen Wahrheit entspricht also die Realität immer nur zum Teil. Aber die Idee gibt, wie ich sagte, die Maßstäbe für die Beurteilung der faktischen Öffentlichkeit, ihrer Beschränkungen und Verderbnisse. Gute

Politik wird mit bewußter Grundsätzlichkeit in den realen Situationen die Annäherung an die Idee in Regierung, Verwaltung und Bürokratie fördern.

Das Selbstbewußtsein eines innerlich freien, königlichen Volkes, wie es in den altfreien Staaten bis zu einem gewissen Grade aus der Tradition lebendig ist, fordert es. Die Politiker in den andern Staaten halten zumeist — nicht alle — das Gegenteil für selbstverständlich, für naturgegeben, und sie steigern es dadurch. Der Blick auf jene alten Freiheiten beschwingt die besseren, die eigentlichen politischen Kräfte.

Ein freies Volk wird stets durch die Minderheit seines geistigen Adels, allen Schichten der Bevölkerung entstammend, bestimmt. In ihm erkennt es sich wieder und mit ihm verwirklicht es seine Demokratie.

Wir vergegenwärtigen zwei Realitäten, die die Öffentlichkeit beschränken: die Geheimhaltung, die Zensur.

7. Regierungen, Parteien, Ämter, Betriebe, die Redaktionen der Presse, alle Bürokratien verlangen Geheimhaltung. Sie gilt als selbstverständlich. Sie wird gesteigert bis in Bagatellen. Sie gilt als Ehrensache des Berufs. Ihre Verletzung wird bestraft.

Geheimhaltung ist in bestimmten Beziehungen notwendig. Die Absicht einer Währungsveränderung etwa muß bis zur letzten Stunde geheim bleiben. Es gibt das zeitlich begrenzte Amtsgeheimnis, das den ungestörten Gang der Verwaltungsarbeit oder den Gang von Verhandlungen in einem Gremium von Sachkundigen ermöglicht. Es bleibt etwas vorläufig geheim, ohne daß jemand betrogen wird.

Anders die Geheimhaltung im Umgang mit dem Feinde. Er ist durch die Beziehung zur Gewalt bestimmt. Hier ist das maximale Geheimhalten ebenso wie Täuschung und List Prinzip des Verhaltens. Im Verhältnis zu anderen Staaten heißt Mitteilung von Geheimnissen Verrat, Aushorchen, Spionage.

Die Behandlung der Geheimhaltung innerhalb eines Staats ist für dessen Wesen entscheidend. Unter Bürgern, die ihre gemeinsame Freiheit errichten, verbessern und bewahren, darf es keine Geheimhaltung geben. Wo geheimgehalten wird, ist etwas nicht in Ordnung. Was für einige Zeit geheimgehalten wird, gehört zu dem Notwendigen, das aber die Beteiligten mit Widerwillen auf sich nehmen. Denn sie wird als Einschränkung der Freiheit beurteilt und auf ein Minimum gebracht. Der Wille aus der gemeinsamen Freiheit zur Öffentlichkeit erschwert dann eher die notwendige Geheimhaltung, während umgekehrt der Drang des Machtwillens zur Geheimhaltung die Öffentlichkeit der Dinge erschwert und die Bürger zu Untertanen macht.

In der Realität aber sind die Kräfte des Verbergens, des Verschleierns, des Lügens so groß, daß die Freiheit eines Staatswesens verlangt, sie unablässig zu bekämpfen. Es wäre etwa eine Gesetzgebung zu wünschen, nach der unter anderem jeder Beamte berechtigt und moralisch verpflichtet ist, verfassungswidrige und gesetzwidrige Vorkommnisse, die ihm in seinem Bereich zur Kenntnis kommen, nicht nur auf den Dienstweg zu leiten, auf dem sie sekretiert werden und sich verflüchtigen, sondern öffentlich bekannt zu machen.

Der Wille, das Geheimhalten auf das engste zu begrenzen, folgt einer unbedingten Forderung der Freiheit. Denn die politische Gesinnung der offenen Wahrhaftigkeit ist Bedingung der Freiheit.

8. Wahre Öffentlichkeit verbietet Zensur. Nur wo Veröffentlichungen nach dem Strafgesetzbuch zu ahnden sind (Verleumdungen u. a.), soll die Strafe erfolgen, und diese Verleumdungen sollten, anders als bisher, so schwer mit höchsten Geldbußen bestraft werden, daß sie für den Täter verderblich werden.

Aber gegen die Pressefreiheit geht der Einwand: Sie bewirkt nicht Aufklärung, sondern Verwirrung. Sie gibt Tendenzen Raum zur Aufwiegelung gegen die Regierung und gegen das Bestehende. Sie fördert Unzufriedenheit und Mißtrauen. Sie erlaubt Verhöhnung von Glauben und Autorität. Sie gibt nicht nur die Chance für die Wahrheit, sondern auch für eine gemeinsame Verlogenheit. Ein gemeinsam interessiertes Nichtwissenwollen schafft einen öffentlichen Betrugszustand. Daher, so schließt man, ist die Zensur nötig. Man muß das Volk vor verderblichen Einflüssen schützen und ihm zu seinem Besten oft die reine Wahrheit vorenthalten.

Die Antwort: Solche Argumente setzen ein unmündiges Volk voraus, dagegen der Wille zur Pressefreiheit ein der Mündigkeit fähiges Volk. In allen Schichten sind die Einzelnen, sei es Bauer oder Arbeiter, General oder Generaldirektor, Chauffeur oder Professor, mehr oder weniger politisch klug. Wir alle sind Menschen und nur auf dem Wege zur Mündigkeit. Es sind Menschen, die die Zensur ausüben über das, was Menschen öffentlich sagen dürfen. Wer soll die Zensoren auswählen, die die Unterscheidung der Geister, die Einsicht in die Wahrheit besäßen, die nur einem Gotte eigen sein könnte? Durch Zensur wird nichts besser. Beide, die Zensur wie auch die Freiheit, werden mißbraucht. Die Frage ist: welcher Mißbrauch ist vorzuziehen? Wo liegt die größere Chance?

Die Zensur führt zu Verkehrungen und zur Unterdrückung der Wahrheit, die Freiheit nur zu Verkehrungen. Unterdrückung ist absolut, Verkehrung kann durch die Freiheit selber aufgehoben werden. Die größere Chance liegt darin, daß in der Turbulenz der Meinungen, durch diese selber, im Menschen kraft seines eingeborenen Wahrheitssinns und kraft der Selbstkorrektur der kritischen Öffentlichkeit doch die Wahrheit sich zeigt. Auf jedem anderen Weg ist der Untergang der Wahrheit gewiß, auf diesem einzigen Weg ist zwar keine Gewißheit, aber Hoffnung. Sowohl die Pressefreiheit wie die Zensur bringt die Wahrheit in Gefahr. Die Frage ist, wo liegt der ehrenvollere, dem Menschen gemäßere Weg? Allein auf dem Wege der Freiheit.

9. Das Wagnis der Öffentlichkeit ist ein persönliches für jeden Einzelnen. Dazu zum Abschluß ein Wort. Jeder entscheidet für sich, ob er in die Öffentlichkeit treten will oder nicht.

Wer Einsicht gewonnen hat, will sie nicht für sich behalten. Wer etwas geschaffen hat, will es sichtbar werden lassen. Wer politisch handelt, will anerkannt werden. Das ist der große Ehrgeiz, berechtigt, wenn er nicht auf Selbsttäuschung über das eigene Können beruht und dann sich in Eitelkeit verkehrt. Aber die Öffentlichkeit ist ein Wagnis.

Wenn Menschen sich beklagen, daß sie in die Öffentlichkeit gezogen werden, daß nicht sachlich ihre Leistung, sondern unsachlich ihre Person zum Gegenstand werde, so ist die Frage, wie weit der Schutz des »Privaten« von einer öffentlichen Persönlichkeit zu Unrecht beansprucht wird. Will man die Öffentlichkeit und doch zugleich sich ihr entziehen?

Für die Machthaber ist es leichter, ihre Kämpfe miteinander über die Köpfe der Völker hinweg auszufechten, zu deren Heil oder Unheil. Ihr Wagnis ist es, sich der Öffentlichkeit im eigenen Lande restlos zu stellen. Da sie in dem Medium dieser Öffentlichkeit ihre Entschlüsse fassen, die ihre Völker und mit ihnen sich selber zur politischen Selbsterziehung bringen, müssen sie persönlich ganz und gar sichtbar werden. Erst durch dieses Wagnis gewinnen Staatsmänner Größe.

Dann aber ist es das Wagnis des einzelnen Menschen, durch Wort und Schrift und Werk in die Öffentlichkeit zu treten. Er muß es als gehörig anerkennen, daß er als Person gesehen und befragt wird. Wer in die Öffentlichkeit tritt, ist ihr ausgeliefert. Hat er den Schritt getan, so ist der Mensch nicht mehr derselbe wie vorher.

Weil die Sache (außer bei der reinen Naturwissenschaft und einzelnen anderen) das Wesen der Persönlichkeit fordert, blickt man auf beide. Die Persönlichkeit wird in ihrer gesamten Wirklichkeit bis in das Intime gesehen und beurteilt in Bezug auf den Ort, an dem sie wirksam ist, anders als Politiker, anders als Schriftsteller, anders als Geisteswissenschaftler, anders als Dichter, anders als Denker.

Daher stößt die Öffentlichkeit ab. Alle: Politiker, Schriftsteller, Dichter, Philosophen möchten persönlich verborgen bleiben. Aber niemand kann mit Recht fordern, als dieser Einzelne zugleich öffentlich gehört zu werden und als Person unbeachtet zu bleiben. Er tritt ein in die Unruhe des Kampfes um die Wahrheit, bei dem in der rücksichtslosen Öffentlichkeit Sache und Person sich ständigen Verkehrungen, Mißverständnissen, Schwärmereien und Schmähungen aussetzen müssen.

Wer es wagt, erfährt im größeren Raum der Öffentlichkeit, was der Mensch auch im kleinsten erfahren muß. Er darf sich nicht mit den Bildern von sich, die in der Öffentlichkeit entstehen, identifizieren. Er muß sie dulden, ohne sich verführen zu lassen, sich ihnen unwillkürlich anzugleichen, aber auch ohne etwa zu wissen, wer er sei, vielmehr um frei er selbst zu bleiben im Grunde seiner Möglichkeiten.

X. DIE CHIFFERN

1. Eine der großen Chiffern biblischen Glaubens liegt in der Leibhaftigkeit, in der Jahve dem Moses und dem Volk Israel die zehn Gebote gab:

»Als aber das ganze Volk die Donnerschläge und Blitze und den rauchenden Berg wahrnahm, da fürchtete es sich und blieb weit weg stehen und sagte zu Moses: Rede du mit uns, so wollen wir hören. Gott aber soll lieber nicht mit uns reden, sonst müssen wir sterben! Moses erwiderte: Habt keine Angst! Gott ist gekommen, damit die Furcht vor ihm euch gegenwärtig bleibe, daß ihr nicht sündigt. So blieb das Volk weit weg stehn. Moses aber trat an das dunkle Gewölk heran, in dem Gott war.« (Moses II, 20)

Das Volk hat Moses beauftragt. Es unterwirft sich seiner Autorität, der dem Moses zuteil gewordenen Offenbarung der zehn Gebote. Diese Unterwerfung ist nicht Sklaverei.

Sklaven waren die Juden in Ägypten. Jahve hat sie befreit und herausgeholt aus dem Arbeitshaus. Nun fordert er von den Freien, was sie auch innerlich frei macht:

Du sollst keine anderen Götter haben neben mir.

Du sollst dir kein Götterbild und Gleichnis machen und vor keinem Abbild Gottes dich niederwerfen.

Du sollst den Namen Jahves, deines Gottes, nicht freventlich aussprechen.

Du sollst deinen Vater und deine Mutter ehren.

Du sollst nicht töten.

Du sollst nicht ehebrechen.

Du sollst nicht stehlen.

Du sollst gegen deinen Nächsten nicht als falscher Zeuge aussagen.

Was ist in den zehn Geboten enthalten?

Der eine Gott: Er ist der Spiegel für die Kraft des Einen, wo immer es unser Leben zusammenhält. Dem natürlichen Menschen, uns allen, ist der Polytheismus gemäß. Die Götter liegen miteinander im Streit. Was sie fordern, ist nicht zu vereinigen. Der Mensch ist das sich widersprechende Wesen. Er dient Göttern und verletzt dadurch andere. Da tritt mit fremd anmutender Wucht die Macht des Einen auf. Sie duldet nicht das Nur-Natürliche. Sie erweckt einen Willen im Menschen, der anderer Herkunft ist.

Kein Bildnis und Gleichnis: Die Transzendenz ist nicht mehr Transzendenz, wenn sie in Bildern eingefangen wird. Nur als Chiffern verstehen wir ihre Sprache. Sie selbst liegt jenseits aller Chiffern. Das ist die Wahrheit des Philosophierens.

Den Namen Gottes nicht freventlich brauchen: Der Ernst des Menschen treibt keine Spielerei mit Gottes Namen. Er beruft sich nicht auf Gott, wenn er für sich in der Welt etwas fordert. Frevel ist es, Gott für mich gegen andere in Anspruch zu nehmen.

Vater und Mutter ehren, nicht töten, nicht ehebrechen, kein falsches Zeugnis: es sind die einfachen, großen, unerläßlichen Bedingungen des Miteinanderlebens in Treue.

Es ist wundersam im Sinai-Ereignis: Die Forderung ist: kein Bildnis und Gleichnis, also auch keine Leibhaftigkeit Gottes. Am Sinai findet zwar ein leibhaftiges Ereignis in vulkanischen Naturerscheinungen, im Gang Moses' auf den Berg in das Dunkel der Wolke, dann durch seine Mitteilung der zehn Gebote statt. Aber Gott selbst wird nicht leibhaftig. Er gewinnt keine Gestalt. Das Volk sieht ihn nicht und hört ihn nicht.

Man hat die zehn Gebote leicht genommen, sie seien ja selbstverständlich. Aber ihnen zu folgen ist so schwer, daß es kaum einem Menschen ausnahmslos gelingt. Würden sie befolgt, dann wäre unser gesamter Zustand nicht der als selbstverständlich genommene öffentliche und persönliche Betrugszustand, sondern wahr in der verläßlichen Gemeinschaft. »Das Moralische versteht sich von selbst«, das ist eine lügenhafte Redensart. Selbstverständlich ist vielmehr, daß es zum Verstummen gebracht wird.

Der Inhalt der zehn Gebote, in jener Zeit ein Wunder an Einfachheit, Klarheit, Tiefe, ist offenbart, aber zugleich überzeugend für den Menschen als Menschen.

Sie sprechen zu ihm durch sein Gewissen kraft seiner eigenen Vernunft. Sie binden Leidenschaft, Willkür, Trieb und Laune. Die Freiheit der Existenz verwirklicht sich im Hören auf sie.

Kant hat die Forderung an das Gewissen in seinem kategorischen Imperativ getroffen: Handle so, als ob du mit deinem Handeln eine Welt schüfest, in der der Grundsatz deines Tuns für alle und immer gelten kann.

Das Gewissen ist der Ort, wo die Eigenmächtigkeit des Subjekts aufhört, aber nicht durch Unterwerfung unter ein fremdes Unbegriffenes, sondern im freien Gehorsam unter die eigene Einsicht.

Die bezwingende Macht, die doch gar keine Gewalt ausübt, die aus mir selbst kommt, wenn ich ihr folge, ist so still, daß sie in der Realität zu verschwinden scheint.

Doch das im Gewissen mich Umgreifende ist mehr als ich selbst. Dies Mehr spricht in jener Chiffer, die als Leibhaftigkeit des Sinai sich dem Menschen einst tief eingeprägt hat. Wer kann den Sinai vergessen, wenn er in der biblischen Geschichte davon gehört hat! Den Ernst des Gewissens verankert zu sehen im Grunde der Dinge, in Gott selbst als Chiffer, das macht durch die Chiffer das Gewissen selber stärker. Die Chiffer bleibt, wenn die Leibhaftigkeit für uns wegfällt.

2. Der Sinai ist ein Beispiel der Chiffern. Die Wissenschaft von den Religionen und Mythen sammelt die Chiffern. Sie ordnet sie in Typen. Sie zeigt den Wandel der Götter. Jahve als Kriegsgott im Deborah-Lied ist nicht der Gott, vor den Hiob tritt mit seiner Anklage, und nicht der Gott, zu dem Jesus betet.

Auf dem Hintergrund der universalen Vergleichbarkeiten sehen wir die je einzigen, unvergleichlichen geschichtlichen Gestalten: neben denen der Bibel vor allem die griechische Götterwelt, dann die indischen, chinesischen, nordischen Mythen.

Wie die Sprachen, so kommen die Chiffern aus der Überlieferung. Wir erfinden sie nicht, sondern eignen sie an.

Einige weitere Beispiele:

a) Seit den Sumerern im vierten vorchristlichen Jahrtausend gibt es überall die kosmischen Anschauungen. Die Ordnung der Sterne in unstörbaren Kreisen ihrer ewigen Bewegung wird gespiegelt durch die Ordnung des Menschenlebens. Die unverbrüchlichen Gesetze des Himmels sind gültig für das ständig zerbrechende, aber sich wiederherstellende menschliche Dasein. Menschheitsereignisse sind kosmische Ereignisse.

Die Chiffer geht in Abwandlungen durch die Geschichte. Noch Kant spricht von den zwei Dingen, die das Gemüt mit immer neuer Bewunderung und Ehrfurcht erfüllen: der bestirnte Himmel über mir und das moralische Gesetz in mir. »Ich verknüpfe sie unmittelbar mit dem Bewußtsein meiner Existenz.«

b) Die Vorstellung der einen, von Vernunft durchdrungenen, göttlichen Welt hält nicht stand. Das Chaos liegt im Grund der Welt. Erst aus ihm erwuchsen, es einschränkend, aber nie überwindend, die Götter und die Welt. Es bringt sie hervor und wird sie wieder verschlingen.

Aus der Chiffer eines erbarmungslosen, ungerechten Gottes, der seine Sonne gleicherweise über Gerechte und Ungerechte scheinen läßt, wird in der antiken Gnosis die Chiffer eines bösen Weltschöpfers. Wir stehen in einer lieblosen, vernunftwidrigen, an sich chaotischen, einen Glanz nur betrügerisch vortäuschenden Welt. Wir, unsere liebenden und vernünftigen Seelen, sind die durch ein böses Verhängnis in diese Welt zerstreuten Lichtfunken. Wir drängen aus ihr hinaus zu einem Gott der Ferne, dem liebenden Gott, der aber in dieser Welt nicht helfen kann.

c) Die griechischen Götter sind eine geschichtlich einzige, unendliche, wunderbar klare Gestaltenwelt. In ihr spricht alles, was ist, was Menschen vergönnt und verhängt ist, was Menschen sein können, durch göttliche Chiffern uns ergreifend an.

Zeus: Der Eine, der König der Götter, dem alle Götter, auch wenn sie revoltieren, sich fügen müssen, der aber selber abhängig ist von der Moira, dem unpersönlichen Geschick, dem kein Kultus gilt und kein Gebet. – Dann *Apollo:* Der allem Gemeinen und Unreinen, allem Kranken und Unwahren fremde Gott. Er ist keine Naturmacht. Unbewegt von Leidenschaft lebt er in Reinheit und Würde. Er ist nicht betroffen vom Eros und nicht vom Tode. Als göttlicher Jüngling, kraftvoll, schön und unberührbar, ist er strahlend heller Gott, der vernichtet, abwehrt, beschützt. Er fordert Grenze und Form. Seine Gebote sind: Halte Maß! Erkenne dich selbst, daß du ein Mensch bist! Auf ihn hört Sokrates, der Philosoph. Er ist keineswegs der eine Gott als Herr des Seins. Vielmehr bleibt er dem getrübten, leidenden, verworrenen Leben fern. In dieses Leben wirkt er hinein, aber läßt sich nicht mit ihm ein. – Dann *Aphrodite:* Die holde, die die geschlechtliche Liebe adelt. – Und so fort die vielen anderen Götter, Athene, Hera, Artemis, diese olympischen und die anderen chthonischen Götter und die in der Natur wirkenden Najaden, Nymphen, Dryaden. Unerschöpflich die Namen und Gestalten! Allen menschlichen Möglichkeiten und Schicksalen und allem Verderben, jedem besonderen Gebiet der menschlichen Wirklichkeiten war göttliches Wesen eigen. Dadurch wurde alles bejaht, alles auch begrenzt und dadurch wieder in Frage gestellt.

Nur in einem kurzen Übergang der Geschichte waren sie wirklich. Da waren Griechen als Menschen auf ihrer Höhe; sie entsprachen diesen Göttern. Da standen sie frei zu ihnen, als sie ohne Theologen und Priester ihre

Gestalten durch prophetische Dichter und Philosophen gleichsam zur Offenbarung brachten. In ihrem Spiegel sahen sie sich selber. Nach kurzer Zeit sank alles ab zur Erinnerung ohne Gegenwärtigkeit außer in der humanen Bildungswelt, zum Spiel ästhetischer Freude.

Wir können nicht Griechen werden. Aber wir bleiben arm, wenn wir nicht die griechischen Götter kennen und uns an ihnen orientieren.

3. Heute sind vielleicht die Chiffern unter den dringlichsten, die Ursprung und Verhängnis unserer Freiheit treffen.

a) Der Mensch, sich als frei bewußt, fühlt sich als er selbst. Er kommt zum Entschluß in den hohen Augenblicken. Doch er kann sich ausbleiben. Dann weiß er nicht, was er eigentlich will, wird willkürlich und ratlos. Im Sichausbleiben verlassen, wird er sich bewußt, daß er sich in seiner Freiheit geschenkt wird.

Doch die Transzendenz, durch die er sich geschenkt weiß, ist abstrakt. Wenn der Mensch in seiner Freiheit Transzendenz als die eigentliche Wirklichkeit erfährt, möchte er sie durch Chiffern erhellen.

b) Wir haben die Folgen der Erscheinungen der Freiheit in der Welt erfahren. Beschwingt durch die Idee der Freiheit sehen wir uns durch die Folgen vor das Verhängnis gestellt.

Wenn der Weg der Freiheit unmöglich erscheint, dann bleibt die Gewißheit, daß der ungangbar scheinende Weg unsere Aufgabe, unser Menschsein selber sei. Diese Gewißheit unserer Bestimmung gibt uns den Mut, die Aufgabe zu ergreifen. Daß wir nicht wissen, ob sie erfüllbar ist, macht den Weg zum unumgänglichen Wagnis.

Da spricht zu uns die Chiffer: Wir sind angewiesen auf eine nie gewußte und daher nie in Rechnung zu stellende Hilfe aus dem Grund der Dinge. Ihr vertrauen wir, wenn wir uns selbst vertrauen. Wir hoffen, daß sie uns beistehe in dem Maße, als wir in Wahrhaftigkeit liebend tun, was wir können – als wir unserer Freiheit würdig werden. Wir können uns nicht darauf verlassen. Aber Chiffern ermutigen uns in unserer Hoffnung.

c) Zweideutig zeigte sich unser Selbstsein: wie wir in der Freiheit uns geschenkt werden und wie wir uns ausbleiben können. Zweideutig zeigte sich die Verwirklichung unserer Freiheit: wie sie als Aufschwung und als Verhängnis auftritt. So ist auch unsere Situation in der Welt zweideutig. Sind wir in der Welt zu Hause oder fremd in ihr?

Wir scheinen nur Rollen zu spielen. Aber geschichtlich identifizieren wir uns mit diesen Rollen. Wir sind sie und sind sie zugleich nicht.

Wenn wir wir selbst sind in solchen Rollen, dann wird diese Welt gleichsam unser Haus, als seien wir zwar von anderswoher gekommen, nun aber hier geborgen.

Wenn wir aber umgekehrt in ihr nicht wir selbst sein können, dann ist sie nicht unsere Welt. Wir müssen das Schlimmste in ihr erwarten. Dann ist es, solange wir noch in uns selbst des Ursprungs gewiß sind, als ob wir aus einer fernen Heimat in diese fremde Welt geraten seien.

Wenn uns aber beides, sowohl diese Welt in ihrer Realität wie auch wir selbst uns in unserer ewigen Herkunft fremd und fragwürdig geworden sind, dann sehen wir uns preisgegeben, wirklichkeitslos und glaubenslos, frei zu nichts.

Sind wir etwa, aus der Fremde der Herkunft in die Fremde dieser Welt gelangt, selber nichts? Daß wir in der durch solche Chiffern sprechenden Lage verzweifeln können, das ist selber noch ein Zeichen: Wer verzweifeln kann, ist nicht nichts, er ist er selbst; er kann sich wiederfinden.

Wir hören die Chiffern als die Sprache aller Dinge, zwar vieldeutig und schwebend, aber als Kundgabe dessen, daß das Ende nicht Verzweiflung sein muß.

Aber wir haben keine Garantie.

4. Wir sprechen von Chiffern. Was heißt Chiffer? Wie gewinnen wir den Begriff?

In der Subjekt-Objekt-Spaltung haben wir Vorstellungen, Gedankeninhalte, Bilder vor uns. Diese sind nicht nur als solche da. Sie bedeuten.

Das ist nicht die Bedeutung als Zeichen. Innerhalb der Gegenständlichkeit kann eines das Zeichen eines anderen sein, wie das Markenzeichen einer Ware, der Wegweiser, die Abkürzung usw. Es ist vielmehr das Bedeuten, ohne daß ein anderer Gegenstand da wäre, den es bedeutete. Die Bedeutungen, die nicht aufgelöst werden können durch Aufzeigen dessen, was sie bedeuten, nennen wir Chiffern. Sie bedeuten, aber bedeuten nicht Etwas. Das Was ist nur in der Chiffer, nicht ohne sie.

Wir leben in der Welt der Chiffern, in der sich uns zeigen soll, was eigentlich ist, aber sich nicht zeigt, sondern in unendlich sich abwandelnden Bedeutungen bleibt.

Chiffern sind gleichsam eine Sprache der Transzendenz, die als von uns hervorgebrachte Sprache doch von dort zu uns dringt. Die Chiffern sind objektiv: in ihnen wird etwas gehört, was dem Menschen entgegenkommt. Die Chiffern sind subjektiv: der Mensch schafft sie nach seiner Vorstellungsweise, Denkungsart, Auffassungskraft. Chiffern sind in der Subjekt-Objekt-Spaltung objektiv und subjektiv zugleich.

5. Für Religionen waren Götter leibhaftig in der Welt. Für einen christlichen Glauben ist der transzendente Gott Mensch geworden. Er hat sich bezeugt durch schrecklichen Tod und glorreiche Auferstehung. Ein einziger Mensch, Jesus, ist als der auferstandene Christus aus dem Tode wiedergekehrt. Dies wird geglaubt als ein in Raum und Zeit lokalisierbares Ereignis von leibhaftiger Realität.

Wir staunen: leibhaftig auferstanden? Das ist nicht möglich: ein Leichnam kann nicht wieder lebendig werden. Aber ist es nicht als Tatsache bezeugt? Das Grab war leer, der Auferstandene erschien Jüngern und gläubigen Frauen. Aber alle Zeugnisse bezeugen nur den Glauben der Jünger, nicht die Realität ihres Glaubensinhaltes.

Hier liegt das Entscheidende: Die Leibhaftigkeit des Transzendenten in der Welt ist nicht zu retten.

Die Wissenschaften widersprechen der Leibhaftigkeit der Transzendenz, weil Leibhaftigkeit Realität und Realität Gegenstand des Wissens und nicht des Glaubens ist.

Wessen wir durch die zwingende Wissenschaft beraubt sind, der Leibhaftigkeit der Transzendenz, das bleibt uns im Reich der Chiffern.

Tatsachen sind allgemeingültig für alle. Chiffern

sind schwebend für eine geschichtliche Existenz und sprechen allein zu ihr.

Tatsachen werden erforscht, Chiffern durch Phantasie und Spekulation entfaltet.

Tatsachen sind unerschütterlich, Chiffern erhellen den Weg der Freiheit.

Realitäten werden eindeutig: so ist es. Chiffern geben uns keinen festen Boden, denn sie sind vieldeutig. Die Chiffer »Gott« gibt uns, eindeutig gefaßt, das Bewußtsein der Geborgenheit. Aber sie wird vieldeutig durch Erfahrungen in der Welt, die wir ohne Selbsttäuschung nicht wegreden und wegdeuten können. Gott und Auschwitz lassen sich nicht vereinigen. Das erfuhr auch Hiob. Es ist die Höhe der Wahrheit im Alten Testament, daß Gott für die Menschen ein anderer wird und sich ihnen entzieht, wenn Menschen ihn beim Worte seiner Offenbarung, seiner Verheißungen nehmen – und daß doch Gott bleibt. Aber dieser Gott ist nicht mehr wie er vorher schien. Der Name Gottes ist Name für etwas, das wir schlechthin nicht begreifen. Der Jude des Alten Testaments begann um seinen Sinn zu ringen und konnte ihn nicht finden, zweifelte aber nie, daß Gott ist.

Daher bleibt uns Menschen nur, die Sprache der Chiffern, auch die Chiffer Gott zu hören als vieldeutige Sprache. Wo die Chiffern unhörbar werden, da wird es dunkel und öde um uns. Wo wir sie hören, kommen wir aber nicht zur Ruhe.

6. Die biblische Welt gehört neben dem Griechentum zu unseren geschichtlichen Voraussetzungen. Wir können sie nicht verleugnen.

Das aber ist in Wahrhaftigkeit nur möglich bei einem

radikalen Wandel im Umgang mit der Bibel und der Überlieferung. Diese Wandlung, die eine Umkehr ist, bedeutet:

Erstens: Wir müssen verzichten auf die Leibhaftigkeit Gottes und jeder Transzendenz. Sie kann nie identifiziert werden mit einer bestimmten Erscheinung in Raum und Zeit. Sie ist verschwunden in dem Unbegriff der immanenten Transzendenz, dem alles, was ist, göttlich ist.

Zweitens: Statt der Leibhaftigkeit hören wir die Chiffern der Transzendenz, die uns — wir wissen nicht vorweg: welche, wann und wie — ansprechen, uns erschüttern und halten können. Die Sprache der Chiffern ist leibhaftig, nicht die Transzendenz.

Drittens: Die Chiffern sind vielfach, sind Möglichkeiten der Aneignung oder Verwerfung, des Näher- oder Fernerseins. Der Umgang mit ihnen fordert den Kampf der Chiffern gegeneinander. Die Schwebe vieldeutiger Chiffern tritt an die Stelle des festen Bodens einer Glaubenserkenntnis.

7. Alles — Realitäten, Vorstellungen der Phantasie, Gedankeninhalte — kann Chiffer sein. Chiffern sind verschieden bis zur Unvergleichbarkeit: Die Chiffern der Schönheit und Lebendigkeit der Natur bleiben harmlos. Der Polytheismus der Mächte zerreißt. Der eine Gott bindet. Das Jenseits aller Chiffern befreit.

Kein rationales System kann die Chiffern einfangen, keine dialektische Ordnung ihre Kämpfe überblicken. Aber das Philosophieren, selber Chiffern hervorbringend, kann den existentiellen Umgang mit ihnen aussprechen. Das geschah seit Plato.

Was einst Leibhaftigkeit der Götter war, ist Chiffer

geworden. In der Klarheit der Chiffern haben wir die Chance, unseren Weg als den uns möglichen Höhenweg zu finden. Das Wissen von den unendlich vielen Mythen lehrt ihn nicht. Die psychologischen Deutungen verderben. Nur existentielle Erfahrung schließt den Sinn der Chiffern auf.

Heute kann man an eine philosophische Aufgabe denken, die in Analogie zur Theologie stände: die philosophische Entfaltung des eigenen Umgangs mit den Chiffern. Sie würde sie darstellen im Medium ihrer Kämpfe. Sie würde in Gegenwart verwandeln, was einst war.

Die Theologie aber ist dogmatisch, gegründet auf Glaubensbekenntnisse, die Chiffernmetaphysik eine schwebende Welt, gegründet im Umgreifenden. Theologie ist kirchliche Dogmatik, Chiffernmetaphysik beruht auf einer von niemand bevollmächtigten Verantwortung je eines Philosophen im Raum der durch drei Jahrtausende währenden Philosophie. Die Theologie lebt mit dem Bekenntnisgläubigen in ihrer institutionellen Gemeinschaft, die Chiffernmetaphysik mit der Menschheit und jedem Einzelnen.

XI. LIEBE

1. Der Liebeshymnus des Paulus (1. Kor. 13) beginnt: »Wenn ich mit Menschen- und Engelzungen redete, und hätte der Liebe nicht, so wäre ich ein tönend Erz und eine klingende Schelle. Und wenn ich alle Geheimnisse wüßte und alle Erkenntnis und hätte allen Glauben, und hätte der Liebe nicht, so wäre ich nichts. Und wenn ich alle mein Habe den Armen gäbe und ließe meinen Leib brennen, und hätte der Liebe nicht, so wäre mir's nichts nütze.«

Unvergeßlich sind diese Worte. Wir stimmen ein. In unserer Liebe sind wir, was wir eigentlich sind. Alles, was in uns Gewicht hat, ist im Ursprung Liebe.

Aber wissen wir, was Liebe sei? Der Sinn des Wortes ist vielfach. Man spricht von Liebe zu Gott, zum anderen Geschlecht, zu den Eltern, zu den Kindern, zu den Schicksalsgefährten, zum Menschen, zur Menschheit — zu den Griechen — zum Vaterland — zu Kant, Spinoza und so fort. Wir möchten wissen und sagen, was Liebe sei. Es wird uns nicht gelingen. Aber wir suchen sie zu umkreisen.

Paulus fährt fort: »Die Liebe ist langmütig und freundlich, die Liebe eifert nicht, die Liebe treibt nicht Mutwillen, sie blähet sich nicht, sie stellet sich nicht ungebärdig, sie suchet nicht das Ihre, sie läßt sich nicht erbittern, sie rechnet das Böse nicht zu, sie freut sich nicht der Ungerechtigkeit.« Das ist recht und gut für den alltäglichen Umgang mit Menschen. Aber wie enttäuschend nach den anfänglichen beschwingenden Sätzen! Paulus sagt hier allein, was Liebe nicht tue, und spricht über eine ruhige, wohlwollende, duldende innere Verfassung.

Dann folgen Sätze: Die Liebe »freut sich der Wahrheit; sie glaubet alles, sie hoffet alles«. Hier spricht ein überströmendes Gefühl, gerichtet ins Gegenstandslose, Transzendente. Die Liebe zu Menschen in der Welt erweitert sich in das Unendliche.

Weiter sagt Paulus: »Nun aber bleibt: Glaube, Hoffnung, Liebe, diese drei, aber die Liebe ist die größte unter ihnen.« »Die größte unter ihnen«, das könnte uns mehr und anderes sagen, als Paulus meint, nämlich: ein Glaube als Bekenntnisinhalt wird zweifelhaft; die Hoffnung stößt in der Welt auf Grenzen, an denen sie scheitert. Allein die Liebe trägt unsere Existenz. In unserer Liebe erfahren wir die einzige Gewißheit, die uns erfüllt und genugtut. Der Liebe erst geht die volle Wahrheit auf. Sie will durch keinen objektiven Glaubensinhalt und durch keine Hoffnung auf eine andere Welt getrübt werden.

»Die Liebe höret nimmer auf«, dies Pauluswort schließlich ist eine großartig einfache Chiffer. Für den Nichtchristen zwar ist es befremdend, wenn es mehr sagen will als das, was zwischen Menschen möglich ist. Zwischen Menschen kann die Liebe selbst das Ewige sein. Das Ewige kommt nicht später, sondern ist gegenwärtig. Erwartungen eines Zukünftigen sind Chiffern für die Gegenwärtigkeit des Ewigen.

2. Dem, was ich vortrug, kann man antworten: Wovon reden Sie da? Von irrealen oder doch von ohnmächtigen Dingen. Liebe ist die Liebe der Geschlechter.

Diese ist die reale, übermächtige Gewalt. In ihr hat alles, was Liebe heißt, seinen Ursprung. Sie ist die Quelle auch all der Vorstellungen von Liebe, die seit Jahrtausenden ein Spiel des Geistes gewesen sind. Für sie alle ist die Geschlechtlichkeit der Spiegel, in dem sie ihre Liebe erkennen. Der Eros ist für Plato die bewegende Kraft des Philosophierens. Im Hohenlied des Alten Testaments wird durch sinnlich hingerissene Liebeslieder die Liebe zu Gott ausgesprochen. Die mystische Literatur ist ein Strom erotischen Sprechens. Werfen wir zuerst einen Blick auf die Realität der geschlechtlichen Liebe.

3. Der Mensch ist psychophysisch eine der Arten der Tiere, aber er kann nicht wie das Tier fraglos nur biologisch sein Dasein vollziehen.

Der Mensch hat ein Bewußtsein seiner Würde, als ob in der Sexualität etwas läge, was ihm diese Würde nähme: daher seine Befangenheit.

Der Mensch hat Scham, das Tier nicht. Die »unbefangene Natürlichkeit« verbirgt er.

Der Mensch braucht gesellschaftliche Ordnungen, um sich im Dasein behaupten zu können, daher auch eine Ordnung des Sexuellen. Nie hat es einen Zustand beliebiger Promiskuität gegeben (außer in manchmal als heilig vollzogenen Orgien).

Wird der Mensch sich seines Menschseins voll bewußt, dann verletzt er den Menschen im Partner, wenn er, ob als Mann oder als Frau, ihn nur als Mittel seiner Geschlechtlichkeit benutzt.

4. Ein Schema der geschlechtlichen Erscheinungen unterscheidet: Sexualität, Erotik, Ehe. Die Pedanterie des Schemas ist unumgänglich für die Klarheit des

Sprechens. Kümmerlich gegenüber der Wirklichkeit, vermag es doch vor Verwechslungen zu schützen.

Sexualität ist allem Lebendigen gemeinsam. Sie ist in ihren Funktionen biologisch, physiologisch und psychologisch zu erforschen, vom Menschen medizinischhygienisch planmäßig zu regeln.

Erotik ist der unendliche Reichtum der geistigen Formung. Der Sexualakt wird kunstvoll. Er selber und was zu ihm führt, wird Schönheit. Das indische Kamasutra lehrt die Gestalten geschlechtlichen Genusses, Ovids Ars amandi das reizvolle Spiel.

Ehe ist die Ordnung der sexuellen und erotischen Realitäten zur Schaffung einer Welt der Familie, in die Kinder hineingeboren werden und zu sich erwachen, erzogen durch diese Welt. Die Ehe will Dauer. Sie ist ein Moment der Gesellschaft.

Die Liebenden wollen in Hausgemeinschaft den Alltag miteinander formen, nicht je nach Situation und neuen Erlebnissen wieder auseinanderlaufen. Sie wollen in der menschlichen Gesellschaft als Ehe anerkannt sein.

Daher die rechtliche, vom Staat geschützte Institution. Die Ehe, dieses kostbare Gut, ist eines der Wunder der Geschichte: diese Ordnung der wilden Geschlechtlichkeit, diese Einsetzung der Verpflichtungen zwischen den Gatten und gegenüber den Kindern.

5. Wir haben von Realitäten gesprochen, von der Sexualität als Realität des Vitalen, von der Erotik als der Realität geistigen, sexuell bezogenen Spiels, von der Ehe als der Realität rechtlicher und moralischer Ordnung. Wir machen einen Sprung, wenn wir jetzt nicht mehr von Realitäten, sondern von der Liebe selbst

sprechen. Sie hat ihren Ursprung nicht in der Welt. Sie wird erfahren als das Unbegreifliche, das den Menschen überfällt, aber so, daß er erst in ihr er selbst wird. Weil sie als empirische Realität nicht nachweisbar ist, kann der Realist sie leugnen. Sie ist kein Gegenstand der Forschung. Weil sie als von anderswoher kommend sich ihrer bewußt wird, nennen wir sie metaphysische Liebe. Niemand kann wissen, ob es sie gibt und ob sie hier und jetzt zwischen zwei Menschen wirklich ist.

Diese Liebe schlägt in der Erscheinung der Zeit ein wie ein Blitz, den niemand sieht. Aber durch ihn wird den Getroffenen offenbar, was von Ewigkeit her schon ist. Sie ist geschichtlich als Erscheinung, aber hat dann in der Zeit weiter keine wesentliche Geschichte. Denn diese ist die der unendlichen Wiederholung in neuer Ursprünglichkeit, gleich mächtig in dem Kleide jugendlicher Leidenschaft und in der Stille des Alters, als Erinnerung und Erwartung übergreifend gegenwärtig.

Diese Liebe, sich bewußt als Gegenwart des Ewigen, wandelt die Erscheinung ihrer an sich gleich bleibenden Wirklichkeit in der Folge der Lebensalter.

In der Jugend geht vorher die Befangenheit vor dem Eros. Das Einzige soll nicht vergeudet werden, bevor der Augenblick da ist, in dem es sich wahrhaft verschwendet im Treffen derer, die sich als von jeher zueinander gehörend erkennen, einzig geschichtlich in ihrer ersten und zugleich letzten Liebe. Sie sind sich dessen gewiß und wissen es doch nicht. Sie finden sich in ihrer vollkommenen Freiheit absolut gebunden, weil sie sich gleichsam aus dem vorzeitlichen Ursprung wiedererkennen.

Diese Liebe ist kein Besitz. Sie bringt die Liebenden

hervor, aber steht nicht zu ihrer Verfügung. Man kann sie nicht wollen. Man kann sie sich selber nicht zeigen, wenn man an ihr zweifelt. Sie hat kein Merkmal, das sie allgemeingültig bezeugt. Sie erhebt keinen Anspruch einer Auszeichnung. Denen sie geschenkt wird, die haben kein Verdienst.

Von außen gesehen, muß diese Liebe wie eine Fessel aussehen. Sie scheint den Liebenden durch fraglose absolute Gebundenheit die Freiheit in der Zeit zu nehmen. Ihr Leben ist seiner Geschichte beraubt, weil es immer dasselbe ist. Diese Liebenden, wenn es sie geben sollte, wären als solche wunderlich und langweilig für andere. Ihre immer gleiche Grundverfassung würde in der ersten Jugend dasselbe sagen wie im höchsten Alter, gleich irreal, gleich nichtssagend, gleich töricht. Was da gemeint ist, das ist psychologisch nicht existent, daher unglaubwürdig.

6. Wie würde diese metaphysische Liebe in der Welt erscheinen? Weil als Realität nicht aufzeigbar, kann sie nur zweideutig umkreist werden. Einige Beispiele:

a) Erotische Leidenschaft und metaphysische Liebe, beide entzünden sich in der Jugend, beide sind zu jedem Opfer bereit, einem Einzigen hingegeben. Aber in der Leidenschaft liegt das phantastische Ewigkeitsbewußtsein des Rausches, in der Liebe der Wille zur Dauer in der Zeit. Die Leidenschaft ist gebunden an das Erlebnis, kommt und geht. Die Liebe hat den tiefen Sinn des »für immer« und »von jeher«. Sie kommt einmal im Leben und nie wieder. Die Leidenschaft ist an entscheidender Stelle blind, die Liebe hellsichtig im Ganzen.

Auf Grund dieser Unterscheidung stellen wir Fragen, die sich der Antwort entziehen. Kann die Gewißheit metaphysischer Liebe ein Irrtum der Leidenschaft sein? Kann ein treuloser Partner den Liebesursprung zerstören, den der gläubig Liebende nun an ihn vergeudet hat? Kann trotzdem nach Erfahrungen erotischen Scheiterns nun erst die Begegnung der aus dem Ursprung her zueinander gehörenden Liebenden stattfinden, die sich erkennen und rückblickend ihre Irrungen durchschauen, sie übernehmen und aufheben?

Kann ein Liebender eine metaphysische Liebe dichten und der andere mit ihm sie für Wirklichkeit halten, bis in der Untreue diese Dichtung sich als solche entlarvt und doch als nun ausgehöhlte noch festgehalten wird in der Spaltung von dichterischer Phantastik und treuloser Realität?

Es sind unheimliche Fragen, die im allgemeinen Reden wie in konkreten Verhängnissen gleicherweise unbeantwortet bleiben müssen.

b) Der Zufall der Begegnung ist das Geschick, dem das Ewige in der Zeit unterworfen ist. Der Zufall ist beliebig und doch als einziger nicht austauschbar. Gibt es Menschen, die allein bleiben, weil ihnen jener »Zufall« der Begegnung des ewigen Partners nicht zuteil wurde, die aber sich wehren, mit Geringerem vorlieb zu nehmen? Würden sie in den Verstrickungen der Welt sich selbst nicht durchsichtig werden können, weil die Verwirklichung ausgeblieben ist?

c) Sprengt die metaphysische Liebe das Dasein, wenn reale Weltmächte ihrer Verwirklichung entgegenstehen? Erblindet diesen Liebenden die Welt?

7. Solche Konstruktionen von Täuschungen und Zerstörungen führen zu der Frage: Ist die metaphysische Liebe in der Welt zum Verschwinden verurteilt? Muß

sic als bloße Möglichkeit in der Welt, als ihr fremd, verkümmern? Oder kann sie eintreten in Verwirklichungen?

Die metaphysische Liebe, entzündet im Angesicht der Schönheit leiblicher Erscheinung, in der Jugend schon vollendet und doch als Verwirklichung in der Zeit erst am Anfang, steht vor der Alternative: Ist ihr als Folge die Sprengung des Daseins, die Nichtverwirklichung, ein nicht eigentlich gelebtes Leben verhängt oder ist ihr die Verwirklichung in der Welt vergönnt?

Dann verlangen Zeit und Ordnung ihr Recht. In die Ehe geht die Liebe ein durch den Entschluß für immer, der mehr ist als was Moral und Eherecht fordern.

Dann beginnt der liebende Kampf in den Realitäten der Welt, die gemeinsame Bewältigung der Situationen.

Dann geht der Weg durch die Lebensalter. Die vitale Schönheit der Jugend schwindet dahin. Aber nun, in der lebenwährenden Erscheinung existentiell geprägt, liegt in der Schönheit des Alters mehr als die nur erinnerte Jugend. Es gilt Kierkegaards Satz: Die Frau wird mit den Jahren schöner. Aber es sieht nur der Liebende.

8. Unser Schema besagte: Sexuelles Begehren, das Spiel der Erotik, die Leidenschaft, die Ordnung der Ehe, die ewige Herkunft in der Verbindung zweier, alles ist in dem Wort »Liebe« beschlossen.

Das Schema aber unterscheidet das Untrennbare. Die Momente der Liebe vollenden sich, wenn sie sich vereinen; sie verderben, wenn sie sich isolieren.

Sollten aber wirklich in eins fallen können: die metaphysische Herkunft, der Entschluß, das Versprechen, der juristische Vertrag, die erotische Leidenschaft, die sexuelle Erfüllung?

Es gibt kein Bild einer solchen Vollendung in der Dauer der Zeit. Es ist weder vorstellbar noch denkbar. In der Dauer der Zeit drängen sich Unreinheiten ein. Die Momente des Schemas treten miteinander in Kampf. Die die Selbständigkeit der Momente verzehrende metaphysische Liebe setzt sich nicht durch.

Widerstreitende Mächte stehen in der Natürlichkeit des Menschen gegen die Einheit. Der Grieche dient der Aphrodite, der das Sexuelle zur Schönheit adelnden Göttin, der Artemis als der damit unvereinbaren Abwehr alles Sexuellen, der Hera als der Schützerin der Ehe, und der Muttergöttin Demeter als der unendlichen Fruchtbarkeit und Zerstörungskraft.

Die Lebenspraxis der Athener aber spricht Demosthenes aus: »Wir haben Hetären, um uns mit ihnen zu ergötzen, sodann gekaufte Dirnen, um unser körperliches Bedürfnis zu pflegen, schließlich Frauen, die uns rechtmäßige Kinder schenken sollen und denen obliegt, alle unsere häuslichen Angelegenheiten zu überwachen.«

Das ist eine Lösung für Männer, denen Frauen für verschiedene Zwecke zur Verfügung stehen. Dies ist eine Erniedrigung der Frau, eine Menschenwidrigkeit des Mannes und eine Entwürdigung beider. Die maskuline Ordnung und Atmosphäre wird zum Verderben des Menschseins ebenso wie die feminine.

Das Menschsein fordert, daß es den Vorrang hat vor dem Geschlechtsein. Mann und Frau sind zuerst Menschen und dann erst Geschlecht.

Die uranfänglichen Antagonismen der menschlich

gewordenen Geschlechtlichkeit sind nicht durch eine vollendete Einheit zu lösen. Ist ein relatives Gelingen vergönnt, so erscheint dies als unverdientes Glück. Häufig sieht das Bild anders aus: Sexualität wird krank in ihrer Funktion und belastet das Selbstbewußtsein. Erotische Leidenschaft ohne Dauer droht dem Menschen seinen Kern zu nehmen. Der Ehebruch zeigt seine Unverläßlichkeit. Der Anruf metaphysischer Herkunft wird nicht gehört. Und dann sinkt alles auf ein tieferes Niveau: Das Leben der Liebe wird verworren. Banalität und Rausch, bequeme Lebensform und vorsichtiger Exzeß, Hilfe und Weglaufen. Das Selbstverständnis wird entweder ratlos oder selbstgewiß in der Verlogenheit. Der Mensch wird, statt in eine Harmonie aufgenommen zu werden, vielmehr in die Kraftfelder sich bekämpfender Mächte gestellt, angesichts deren die harmonisierenden Bilder nicht weniger empören als die Lust vermeintlicher Freiheit am Gemeinen und am Chaos.

Wieder kann das Menschsein, gemessen an der Größe seiner Aufgabe, zugleich als hohe Möglichkeit erscheinen und wie eine Erkrankung seiner selbst. Die Wege, auf denen, erst durch das Ganze des Lebens, die Liebe sich offenbart, werden in der Realität niemals zu einem Vorbild. Denn die liebenden Menschen sind je einmalig mitgerissen von Freiheit und Geschick zwischen Himmel und Hölle.

9. Wir kehren zurück zur anfänglichen Frage, was Liebe sei. Schon in der Liebe der Geschlechter ist sie mehr als diese. Ihr Sinn hat einen weiten Umkreis. Ich greife nur ein Beispiel heraus:

Man spricht von der Liebe zu Gott. Die Liebe zum

Menschen sieht den Geliebten leibhaftig, auch wenn sie in metaphysischer Liebe die Zeit durchbricht. Die Liebe zu Gott aber findet ihren Gegenstand nicht in der Welt.

Spinozas intellektuelle Liebe zu Gott (amor intellectualis dei) bedeutet: die reine Vernunft, diese höchste, über dem Verstand liegende Erkenntnisart, in der der Mensch seine Freiheit erreicht, fällt zusammen mit der Liebe zu Gott. Aber Spinoza erwartet nicht, daß Gott die Liebe erwidert. Denn Gott ist kein menschliches Wesen, das liebt, und Spinozas Liebe ist uneigennützig. Das entspricht Jeremias' Haltung zu Gott. Daß Gott ist, ist ihm genug. Seine Liebe zu Gott ist sein unerschütterlicher Halt. Juden konnten gläubig sterben, wenn Gottes Lenkung nicht mehr gesehen werden konnte und sie in ihrem Denken die gewaltigsten je gehörten Anklagen gegen Gott erhoben. Wohl hielten sie sich an Gottes Verheißung, Schutz und Führung. Wenn diese aber ausblieben, hielten sie sich aufrecht allein in der Gewißheit, daß Gott ist. Gott als denkbarer Gott, Gott als Gesetzgeber, als Erbarmer, Gott als Liebe kann verschwinden. Denn dies alles erniedrigt die Gottheit. Nur der Mensch ist dem andern ein Du. Gott zum Du zu machen, das kann eine Chiffer im Gebet sein. Spinoza und Jeremias leben nicht daraus, daß Gott sie liebt, sondern daraus, daß er ist.

Die Liebe, die in der philosophischen Vernunft sich hell wird, ist verbunden mit dem unbegründbaren, gegenstandslosen, für den Verstand nicht existierenden Vertrauen in den Grund der Dinge.

Ich zähle nicht weiter auf, was alles Liebe genannt wird. Am Ende ist die Frage, ob der Liebe ein Eines zugrunde liegt, das wir in der Mannigfaltigkeit ihrer Erscheinungen ergreifen.

Was aber diese eine Liebe sei, die alle Liebe in sich schließt, die auch in das Geschlechtliche scheint, aber nicht aus ihm hervorgeht, daher nicht an es gebunden ist, das können wir nicht sagen.

10. Wenn wir aber von ihr sprechen, als ob wir wüßten, was sie sei, dann ist diese eine allumgreifende Liebe das, worin wir eigentlich sind, was wir sind.

Diese Liebe wäre, wenn sie vollendet und rein wirken würde, der einzige und genügende Grund unseres Lebens. Vollkommene Liebe würde kein moralisches Gesetz, keine gemeinsame Ordnung brauchen, weil sie diese aus sich selber in der je einzigen konkreten Situation hervorbrächte, daher die Befolgung in sich schlösse. Da aber der Mensch als sinnliches Verstandeswesen der vollendeten Liebe nicht fähig ist, sich in seiner Liebe immer wieder mißverstehen kann, sie verletzt und schwach werden läßt, so braucht er auch noch in seiner Liebe die Kontrolle durch das Bewußtsein oder das Gewissen. Wer verläßlich aus hellsichtiger Liebe zu leben vermöchte, für den würde Augustins Satz gelten: Liebe und tu, was du willst (dilige et fac quod vis). Da wir aber Menschen sind, der Selbsttäuschung und der Verschleierung schuldig, lieblosen Mächten ausgesetzt, können wir ohne Kontrolle nicht existieren. Jede Liebe etwa, die die zehn Gebote verletzt, ist nicht mehr Liebe, sondern lügt mit dem Namen der Liebe aus dem Überfallensein durch fremde Leidenschaften.

Daher dürfen wir uns nicht berufen auf die Liebe, wenn wir ein Verhalten, ein Handeln, ein Beurteilen in seinem Recht begründen wollen. Da wir nicht wissen, was Liebe ist, können wir nicht mit ihr rational operieren.

Aber alle rationale Begründung und alles Leben nach dem moralischen Gesetz, obgleich so wesentlich für unsere Klarheit, ist dennoch nichts ohne Erfüllung durch Liebe und ohne von Liebe getragen zu sein.

Die Liebe hat keine Instanz über sich. Sie selbst beurteilt ihre Erscheinung mit Hilfe des Gewissens, unerbittlich, aber mit liebendem Gewissen.

XII. TOD

1. In Geburt und Tod ist alles lebendige Dasein eingeschlossen. Aber nur der Mensch weiß es.

Die eigene Geburt ist ein bewußtloses Ereignis. Es ist dem Geborenen, wenn er zu sich kommt, als ob er von jeher war und aus einem im Rückblick unerhellbaren Schlaf erwacht sei. Wenn er von seiner Geburt hört, so hat er doch keine zu weckende Erinnerung. Nie hat er die Erfahrung vom Anfang seines Daseins.

Der Tod steht jedem bevor. Da wir aber nicht wissen, wann, so leben wir, als ob er nie käme. Als Lebendige glauben wir nicht eigentlich an ihn, obgleich er uns das Gewisseste ist.

Das nur vitale Bewußtsein kennt den Tod nicht. Erst das Wissen vom Tode macht ihn zur Wirklichkeit für uns. Dann ist er die Grenzsituation: Die mir liebsten Menschen und ich selber werden als Dasein aufhören. Die Antwort auf die Grenzsituation ist gefordert im Seinsbewußtsein meiner Existenz.

2. Wir sagen: Was geboren wird, muß auch sterben. Biologische Erkenntnis ist damit nicht zufrieden. Sie möchte wissen, warum? In welchen Lebensvorgängen ist diese Notwendigkeit begründet? Man denkt daran, den Altersprozeß zu verlangsamen, hat gar die Vorstellung: was einmal geboren sei, könne vielleicht beliebig lange am Leben erhalten werden durch Kontrolle der einst erkannten zum Tode führenden Lebensvorgänge. Niemand zweifelt jedoch daran, daß auch bei

immer noch zu erweiternden künstlichen Lebensverlängerungen schließlich in jedem Fall der Tod unausweichlich ist. Der Tod gehört wie das Geschlecht zum Leben. Beide bleiben Geheimnis im Ursprung unseres Daseins.

3. Wir haben Angst vor dem Tode. Aber der Tod als Nichtmehrsein und das Sterben, das im Tode aufhört, erzeugen zwei ganz verschiedene Ängste.

Die Angst vor dem Sterben ist die vor der körperlichen Qual. Dieser Zustand ist selber durchaus nicht der Tod. Er kann mit allen Qualen stattfinden und doch das Leben sich wiederherstellen. »Ich bin schon mehrere Male gestorben«, kann ein Kranker sagen. Auch was wir dabei erfahren, das ist nie der Tod selber. Was erlitten wird, erleidet immer nur der Lebende. Der Tod selber entzieht sich der Erfahrung.

Der natürliche Vorgang des Sterbens kann ohne Qual verlaufen, kann ein Sekundentod sein. Dann geschieht er plötzlich, ohne als solcher zum Bewußtsein zu gelangen. Er kann im Schwächerwerden oder im Schlafe unmerklich geschehen. Qualen der zum Tode führenden Krankheit können durch medizinische Mittel verringert werden. Da das Sterben ein Vorgang psychophysischer Realität ist, wird es vermöge des Fortschritts biologisch-pharmakologischer Erkenntnis vielleicht einst in jedem Falle ohne Qualen stattfinden können.

Ganz anders aber als die Angst vor dem Sterben ist die vor dem Tode, wenn dieser aufgefaßt wird als ein Zustand, der nach dem Erlöschen des eigenen Lebens folgt. Von der Angst vor diesem Tode kann keine ärztliche Therapie befreien, sondern nur das Philosophieren.

4. Vorstellungen vom Zustande des Totseins sind

vergeblich. Nicht die geringste Erfahrung, kein Anzeichen kommt von dort. Niemand ist wiedergekehrt. Daher die Vorstellung: der Tod ist Nichtsein, ist Nichts.

Die Angst vor dem Tode ist Angst vor dem Nichts. Aber untilgbar scheint trotzdem die Vorstellung: Der Zustand nach dem Tode ist ein anderes Sein. Das Nichts nach dem Ende ist nicht wirklich Nichts. Ein künftiges Dasein erwartet mich. Die Angst vor dem Tode ist die Angst vor dem, was nach ihm kommt.

Beide Ängste – vor dem Nichts und vor dem Zustand des Totseins – sind grundlos. Das Nichts ist nur gegenüber zeitlich-räumlicher Realität Nichts. Und: ein anderes reales Dasein, vor dem wir Angst haben müßten, gibt es nicht. Aber ist damit auch das Bewußtsein der Unsterblichkeit hinfällig?

5. Der Tod des geliebtesten Menschen, das Entbehren seiner leibhaftigen Gegenwart, dieser untilgbare Schmerz des »nie wieder«, kann ebenso wie die hohen Augenblicke das Leben verwandeln in das Bewußtsein ewiger Gegenwart.

Vergeblich ist der Trost mit einem Fortbestehen in der Erinnerung anderer, mit dem Fortleben in der Familie, mit dem Unvergänglichen der hervorgebrachten Werke, mit einem Ruhm durch die Zeiten. Nicht nur, was ich bin, was andere sind, die Menschheit und alles, was sie hervorbringt und verwirklicht, hat ein Ende. Es sinkt in Vergessenheit, als ob es gar nicht gewesen wäre.

Vergeblich ist für den, der sie nicht glaubt, die Verheißung der Auferstehung. Der Auferstehungsglaube sagt: Der Tod ist real. Das Ende des Menschen ist sein Leichnam und dessen Verwesung. Es bleibt nichts. Soll

Unsterblichkeit sein, so muß der Mensch wiedergeboren werden in Leiblichkeit. Das wird geschehen. Die Toten stehen auf durch einen Akt Gottes, der sie mitsamt ihrem Leibe wieder lebendig macht. Er läßt die Toten auferstehen aus den Gräbern, am Jüngsten Tage, zum Weltgericht. Wer an diese leibliche Auferstehung nicht glaubt, für dessen Seinsbewußtsein kann sie nichts bedeuten.

Aber der Drang zur Verewigung ist nicht sinnlos. In uns ist etwas, das nicht glauben kann, zerstörbar zu sein. Was das sei, heller werden zu lassen, ist die Aufgabe der Philosophie.

Am Anfang dieses Denkens steht die Unterscheidung: Der Drang zum zeitlichen Fortbestehen gehört dem Dasein zu – etwas ganz Anderes ist der Wille zur Ewigkeit. Diese Ewigkeit kann ich nur denken in der Weise, wie ich die Zeit denke. Versuchen wir, dies Schritt für Schritt zu zeigen.

6. Wir unterscheiden Kreiszeit und lineare Zeit. Auf die Frage: Warum der Tod? gab der Pythagoräer und Arzt Alkmäon (im sechsten Jahrhundert vor Christus) die Antwort: »Die Menschen gehen deshalb zugrunde, weil sie nicht die Kraft haben, den Anfang an das Ende anzuknüpfen.« Wer das vermöge, sei unsterblich. Was heißt das? Der Kreis der Zeit ist als Wiederkehr die Unsterblichkeit des in diesem Kreis Geschehenden. Dies aber geschieht nicht von selbst, sondern dank einer »Kraft«, von der Alkmäon sprach. So meinte es Nietzsche: Der Glaube an die ewige Wiederkehr ist der stärkste Akt des Ja zum Leben. Er knüpft das Ende an den Anfang in jedem Augenblick. Er lebt im Kreis der ewigen Wiederkehr. Die Zeit zwischen Ende im Tode

und Anfang der neuen Geburt mag unermeßlich sein, sie ist doch wie nichts, wenn das Leben noch einmal, unendlich oft und in diesem Sinne unsterblich gelebt wird.

Partikulare Prozesse der Wiederkehr innerhalb der Welt, zum Beispiel der Tag- und Jahreszeiten, sind Bilder dieser totalen ewigen Wiederkehr. Die Zeit ist absolut. Alles ist zeitlich, aber als zeitlich ewig durch die Wiederkehr.

Ganz anders die lineare Zeit. Sie bringt für alles Zeitliche als solches das endgültige Ende. Die Vergänglichkeit des Zeitlichen, dessen, was für uns empirische Realität hat, erzeugt eine Trauer, die wir noch im Glück des Daseins erfahren und in den Dingen selber wahrzunehmen meinen. Sie kann nur aufgehoben werden in einem Unzerstörbaren, das, weil unveränderlich, selbst nicht zeitlich ist, aber zeitlich erscheint.

Kreiszeit und lineare Zeit, beide geben dem Augenblick Gewicht, aber in ganz verschiedenem Sinn. In der Kreiszeit wird getan, was unendlich oft wiederholt wird; es bleibt zeitlich. In der linearen Zeit wird zeitlich entschieden, was ewig ist; die Zeit wird überschritten. Für beide gilt: Alles vergeht, aber das eine bleibt, sei es die zeitliche Wiederkehr, sei es die zeitlose Wirklichkeit.

Kreiszeit und lineare Zeit sind unvereinbare Chiffern. Die Kreiszeit ermöglicht die Vorstellung des »noch einmal« in endloser Wiederkehr, aber ohne daß je ein Erinnern oder Wissen vom einen zum anderen Mal dringt. Die lineare Zeit ermöglicht den Ernst der Entscheidung in der einmaligen geschichtlichen Erscheinung dessen, was ewig ist, aber ohne daß zeitliche Erscheinung und Ewigkeit unter einen gemeinsamen Wirklichkeitsbegriff fielen.

Der nächste Schritt müßte uns über die Zeitlichkeit hinausführen.

In der Kreiszeit bleibt die Zeit absolut. Sie ist das letzte Unüberschreitbare. Nur angesichts der linearen Zeit wird der Gedanke möglich, der über die Zeit hinausführt. Dieser Gedanke sagt: Wir selbst und alle Dinge erscheinen uns. Diese Erscheinung ist immer zeitlich. Nun können wir zwar aus der Zeit der Welt nicht heraus. Es gibt keine andere, reale, erforschbare Welt, kein vor und kein nach der Zeit, das selber wieder zeitlich wäre. Aber der Erfahrung und dem Gedanken öffnet sich gleichsam eine andere Dimension:

7. Wir unterscheiden Zeitlichkeit, Zeitlosigkeit, Ewigkeit.

Zeitlichkeit heißt das reale Werden. Es ist ohne Anfang und Ende, ohne Ursprung und Ziel, bodenlos. Ihre Erfahrung vollzieht sich in der sinnlichen Gegenwärtigkeit, in der wir als Dasein uns bewegen.

Zeitlosigkeit dagegen heißt das von aller Zeit freie Sein, so etwa der in logischen und mathematischen Erkenntnissen gemeinte Sinn; der Satz des Pythagoras galt, bevor dieser ihn entdeckte, und wird gelten, wenn niemand mehr ihn denkt. Nicht der Sinn des Satzes, sondern seine Entdeckung und das Denken seines Sinns sind zeitlich. Die Erfahrung der Zeitlosigkeit vollzieht sich im Meinen des zeitlosen Sinns.

Ewigkeit schließlich heißt die Einheit von zeitlich Gegenwärtigem und zeitlosem Sein, dessen was in der Zeit quer zur Zeit, zeitlich und zeitlos zugleich ist. Sie ist ewige Wirklichkeit im Gegensatz sowohl zur zeitlosen Unwirklichkeit als auch zur zeitlichen Realität. Die Erfahrung dieser Ewigkeit kommt allein der Existenz zu. Empirisch und logisch ist sie eine Absurdität.

Diese Absurdität — die Erfahrung der Ewigkeit in der Zeit — uns verständlich zu machen, erinnere ich an die philosophische »Umwendung« des Seinsbewußtseins, von der ich in der dritten Vorlesung sprach.

8. Wir schritten aus der Subjekt-Objekt-Spaltung über diese hinaus in das Umgreifende, mit dessen Klärung die Umwendung sich versteht.

Ich bin nicht mehr gebunden an irgendein Objekt an sich. Vielmehr bin ich durch die je eigene Weise des Umgreifenden gebunden als Bewußtsein überhaupt an gemeinte Gegenstände, als Dasein an die Umwelt, als Existenz an Transzendenz. Ich aber bin weder Subjekt noch Objekt, sondern bin je das Umgreifende, als ich selbst aber das Umgreifende der Existenz in dem Umgreifenden alles Umgreifenden.

Werde ich mir der Wirklichkeit meiner Existenz in Bezug auf Transzendenz gewiß, dann sehe ich mich in zwei scheinbar entgegengesetzten Verfassungen.

Erstens: Erkennend werde ich mir als erscheinendes Dasein, in der Welt mich orientierend, hell, indem die Welt selber mir hell wird. Je heller es wird, desto größer die Chance, zur Wahrheit zu gelangen.

Zweitens: Dieses Hellwerden selber bringt mich zum Bewußtsein, mit ihm gleichsam im Gefängnis zu sein, im Gefängnis des gegenständlich werdenden Weltseins.

Beide Verfassungen verbinden sich zum Willen maximaler Weltorientierung und zum Überschreiten dieser Orientierung. Im Gefängnis bin ich durch dessen Gewahrwerden zugleich außerhalb des Gefängnisses. Die Folge ist:

Werde ich mir der Welt als Erscheinung gewiß, dann werde ich zugleich des Ewigen gewiß, das in der Chiffernsprache gegenwärtig sein kann.

Ich werde befreit von der Absolutheit der Dinge. Ihnen allen gegenüber, denen ich als Dasein preisgegeben bin, bin ich meiner selbst als eines ihnen gleichsam Vorherseins bewußt.

9. Mit dieser Umwendung wandelt sich auch die innere Verfassung zum Tode. Der Tod ist zwar Ende, wie die Geburt Anfang der zeitlichen Erscheinung.

Unsterblichkeit aber heißt die Ewigkeit, in der Vergangenheit und Zukunft aufgehoben sind. Der Augenblick, der zeitlich ist, hat, wo er existentiell erfüllt ist, an der Ewigkeit des alle Zeit Übergreifenden teil. Die »Ewigkeit des Augenblicks« ist der in sich sich widersprechende Gedanke. Er möchte die Wahrheit aussprechen, in der die Realität des zeitlich Leibhaftigen eins ist mit der zeitlosen Idealität des Wesenhaften: als die Ewigkeit des Wirklichen.

Das vitale Bewußtsein unseres Daseins ist nicht schon das existentielle Bewußtsein unseres Selbst. Erst wenn durch den Gedanken an den Tod die Erschütterung des Daseins eintritt, ist die Existenz wach geworden. Sie bleibt sich aus in der Verzweiflung vor dem Nichts oder wird sich geschenkt in der Gewißheit der Ewigkeit.

Von ihr ist die Verwirklichung in der Welt durchdrungen, wenn diese nichtig ist. Sie ist nicht verloren, wenn das Dasein scheitert.

Wir sind sterblich als bloßes Dasein, unsterblich, wo wir zeitlich erscheinen als das, was ewig ist. Wir sind sterblich als Lieblose, unsterblich als Liebende. Wir sind sterblich in der Unentschiedenheit, unsterblich im

Entschluß. Wir sind sterblich als Naturgeschehen, unsterblich, wo wir uns in unserer Freiheit geschenkt werden.

10. Spekulationen (wie die über Zeit, Wiederkehr, Ewigkeit) sind kein Wissen von Etwas, sondern Sprache für uns, Chiffern, die ansprechen oder nicht.

Existenzerhellende Gedanken (wie über das Umgreifende, die Erfahrung der Unsterblichkeit) bewirken nicht das Bewußtsein der ewigen Gegenwart, aber rechtfertigen es. Die Erfahrung liegt in der unvertretbaren Einzigkeit jeder Existenz, nicht in einer Erkenntnis von Etwas und nicht in einer Verheißung.

Das Wahre liegt nicht schon in den philosophischen Gedanken, sondern erst in der geschichtlichen Existenz, die sich mit ihnen ihrer selbst bewußt wird.

11. Die philosophischen Gedanken, die spekulativen und die existenzerhellenden, können schnell ihren Sinn verderben. Dadurch, daß wir sie philosophisch zu wissen scheinen, möchten wir die Ewigkeit des Geliebten und unserer selbst gleichsam leibhaftig und fest in der Hand halten. Aber als gewußt ist uns die Unsterblichkeit entglitten. Ihre Gewißheit ist nur ineins mit der Existenz möglich.

Philosophie darf dem handgreiflichen Trostbedürfnis, der vorschnellen Beruhigung nicht entgegenkommen, nicht Wissen anbieten. Wahrhaftigkeit und Philosophie sind untrennbar. Wenn von Tod und Unsterblichkeit gesprochen wird – wir wissen nichts. Aber in den Haltungen zum Tode lassen sich existentiell wahrhaftige gegen unwahrhaftige beschreiben:

Erstens: Der Tod wird verschleiert, man will ihn vergessen. Oder umgekehrt: man denkt ständig an den

Tod, das Leben versäumend. — Von beiden Unwahrhaftigkeiten befreit die Haltung: Was ich tue und erfahre, steht unter dem Maßstab: hält es stand vor dem Tode?

Zweitens: Der Gedanke an den Tod kann die Angst erzeugen, gar nicht eigentlich zu leben. Der Blick in eine Leere in sich und außer sich läßt fliehen in die rastlose Tätigkeit, meidet die Besinnung. Aber es bleibt die verborgene Unruhe. Aus ihr kann nur scheinbar die vitale Kraft, in Wahrheit nur die Wucht des Gedankens an den Tod selber befreien. Er bestätigt die andere als nur vitale Bedeutung des Menschen, das ewige Gewicht seiner Liebe. Die Ruhe vor dem Tod entspringt dem Bewußtsein dessen, was kein Tod nehmen kann.

Drittens: Das Dasein lebt in der Stimmung zum Tode hin. Diese Fesselung aber sprengt der Mensch, der das Todeswissen aufgenommen hat in das Leben, das an das Leben und nicht an den Tod denkt.

Viertens: Das Todeswissen stürzt in den Abgrund, in dem alles gleichgültig, weil nichts wird. Aus der Verzweiflung des Nichts führt heraus die existentielle Erfahrung: Der Tod ist nicht eigentlich. Wir werden kleinmütig im Absturz, hochgemut im Aufschwung der Existenz. Vom einen zum anderen im Schwanken voranschreitend, kommen wir zu uns selbst.

Ich fasse zusammen:

Wir wissen, daß wir sterben werden. Vom Totsein wissen wir nichts.

Es wird uns aus der Hand geschlagen, woran wir als ein Wissen oder als ein durch Glauben bestimmtes Wissen uns geklammert hatten.

Des Menschen Aufgabe ist, zu leben in Wagnis und

Gefahr unter den höchsten ihm hell werdenden Maßstäben in den ihm gegebenen Situationen. Von seiner Unsterblichkeit als Tatbestand zu wissen, würde ihm sein Wesen nehmen. Daß er das Nichtwissen aushält, läßt ihn zu sich selbst kommen und bringt ihn auf seine Bahn.

Lessing hat gesagt: »Warum kann man ein künftiges Leben nicht ruhig abwarten wie einen künftigen Tag... Wenn es eine Religion gäbe, die uns von jenem Leben ganz ungezweifelt unterrichtet, so sollten wir lieber dieser Religion kein Gehör geben.«

12. Aber das Nichtwissen hat als leeres Nichtwissen auch Lessing nie genügt. Unsterblichkeit spricht in der Schwebe von Gedanken und Bildern, die nicht mehr den Anspruch erheben, leibhaftig zu gelten und Erkenntnis zu sein.

Dürfen wir, was uns unzugänglich ist, in Mythen als Chiffern ergreifen? Dürfen wir im Denken von Begriffen uns sagen, was wir vielleicht in einer Gewißheit unserer Existenz erfahren, das uns aber entschwindet, wenn wir es wissend ergreifen wollen?

Plato hat in seinem Phädon, der unzähligen Menschen Ermutigung brachte, erzählt, wie Sokrates starb. Er hat ihn am Tage seines Todes die Gedanken aussprechen lassen, deren Wahrheit durch die Wirklichkeit dieses Sterbens bewährt wurde.

Die Beweise für die Unsterblichkeit, so überzeugend sie für Sokrates sind, tun auch ihm selbst nicht genug. Ihr hegt die kindliche Furcht, sagt er zu den Freunden, es möchte im Ernst der Wind die Seele bei ihrem Austritt aus dem Leibe auseinanderblasen. Dies Kind wollen wir versuchen dahin zu bringen, daß es den Tod nicht fürchte wie einen Popanz. Dieses Kind – und wir Menschen alle bleiben solche Kinder – muß jeden Tag mit Zaubersprüchen geheilt werden. Die Zaubersprüche, das sind die Mythen.

Als Sokrates durch einen Mythus von dem Schicksal der Seelen nach dem Tode erzählt hat, je nachdem wie sie lebten und was sie taten, im Tartaros oder auf lichten Höhen, sagt er: »Die unbedingte Wahrheit nun dessen, was ich dargelegt habe, behaupten zu wollen, möchte in derartigen Fragen einem vernünftig denkenden Manne nicht wohl anstehen... aber es dürfte ein wohlberechtigter Glaube sein, wert, daß man es wagt, sich ihm hinzugeben. Denn das Wagnis ist schön, und der Geist verlangt zur Beruhigung dergleichen Vorstellungen, die wie Zaubersprüche wirken.«

Wir hören eine andere Sprache als die von Realitäten in der Welt. Es ist ein Spiel von Vorstellungen, die einen Ernst kundgeben, der nur in solchem Spiel sich aussprechen kann.

So denkt Sokrates, nach dem Tode mit den Weisesten der Menschen dort die Gespräche fortzusetzen, die er hier in der Welt führte, um der Wahrheit teilhaftig zu werden.

So denkt Scipio (in Ciceros Somnium Scipionis), dort die Staatsmänner zu treffen, die Schöpfer der Freiheit in der res publica, die Männer von Einsicht und Opfermut.

Wir sterben hin zu den geliebten Toten. Sie empfangen uns in ihrem Kreise. Nicht eine Leere des Nichts nimmt uns auf, sondern die Fülle des wahrhaft gelebten Lebens. Wir treten ein in einen von der Liebe erfüllten, durch Wahrheit hellen Raum.

Die Gewißheit der Ewigkeit spricht Sokrates noch im letzten Augenblick seines Lebens aus. Auf Kritons Frage, wie sie ihn bestatten sollten, lächelte er und antwortete: Kriton will es mir nicht glauben, daß dieser Sokrates hier, der jetzt mit euch spricht, mein wahres Ich ist. Er glaubt vielmehr, ich sei jener, den er in kurzem als Leichnam sehen wird. Daher die Frage, wie er mich bestatten soll. Aber, fährt er fort, wenn die Freunde seinen Leib verbrennen oder begraben sehen, sollen sie nicht die Fassung verlieren, als ob Sokrates etwas Schreckliches widerführe, und nicht sagen, daß es Sokrates sei, den sie hinaustragen oder beerdigen. Es ist nur sein Leib, den sie bestatten, so wie es ihnen lieb ist und es am meisten dem Brauche zu entsprechen scheint. Er selbst ist längst davongeeilt.

XIII. DIE PHILOSOPHIE IN DER WELT

1. Was immer auch Philosophie sein mag, sie ist in unserer Welt und muß sich auf sie beziehen.

Sie durchbricht zwar die Weltgehäuse, um ins Unendliche sich zu bewegen. Aber sie kehrt zurück, um im Endlichen den je einzigen geschichtlichen Boden zu finden.

Sie drängt zwar in die weitesten, das Weltsein überschreitenden Horizonte, um das Gegenwärtige im Ewigen zu erfahren. Aber noch die tiefste Meditation gewinnt ihren Sinn in der Rückbeziehung auf die Existenz des Menschen hier und jetzt.

Die Philosophie erblickt die höchsten Maßstäbe, den Sternenhimmel der Möglichkeiten und sucht im Licht des scheinbar Unmöglichen den Weg zum Adel des Menschen in der Erscheinung seines Daseins.

Philosophie wendet sich an die Einzelnen. Sie stiftet die freie Gemeinschaft derer, die im Wahrheitswillen sich aufeinander verlassen. In diese Gemeinschaft möchte der Philosophierende eintreten dürfen. Sie ist jederzeit in der Welt, aber kann in ihr nicht Institution werden, ohne die Freiheit ihrer Wahrheit zu verlieren. Der Philosophierende kann nicht wissen, ob er zu ihr gehört. Keine Instanz entscheidet über seine Aufnahme. Er will denkend so leben, daß solche Aufnahme möglich würde.

2. Wie aber verhält sich die Welt zur Philosophie? Es gibt die Lehrstühle für Philosophie an den Uni-

versitäten. Sie sind dort heute eine Verlegenheit. Die Philosophie wird aus Überlieferung höflich respektiert, im geheimen verachtet. Verbreitete Meinung ist: etwas von Belang habe sie nicht zu sagen. Sie habe auch keine praktische Bedeutung. So wird zwar ihr Name in der Öffentlichkeit genannt; aber ist sie wie nichtexistent? Ihre Existenz bezeugt sich zum mindesten durch die Abwehr gegen sie.

Diese ist fühlbar in Wendungen wie: Die Philosophie ist zu kompliziert. Ich verstehe sie nicht. Mir ist sie zu hoch. Das ist eine Sache für Fachleute. Ich habe dafür keine Begabung. Daher geht sie mich nicht an. – Aber das ist, als ob man sagen wollte: um die Grundfrage des Lebens brauche man sich nicht zu kümmern; man dürfe sich, im ganzen gedankenlos, in irgendeiner besonderen Sache der Praxis oder der Gelehrsamkeit ohne Frage nach deren Sinn mit tüchtiger Arbeit verlieren und im übrigen seine »Meinungen« haben und damit zufrieden sein.

Die Abwehr wird erbittert. Ein sich selbst undurchsichtiger Lebensinstinkt haßt die Philosophie. Sie ist gefährlich. Würde ich sie verstehen, müßte ich mein Leben ändern. Ich würde in eine andere Verfassung gelangen, alle Dinge in einem mir bisher fremden Licht sehen, neu urteilen müssen. Besser nicht philosophisch denken!

Dann kommen die Ankläger, die die überholte Philosophie durch etwas Neues, ganz Anderes ersetzen wollen. Man mißachtet sie als vollends unwahrhaftiges Endprodukt der zerbrochenen Theologie. Man verhöhnt den Unsinn philosophischer Sätze. Man denunziert die Philosophie als willfährige Magd politischer und anderer Mächte.

Vielen Politikern ist ihr heilloser Betrieb leichter, wenn die Philosophie gar nicht da ist. Massen und Funktionäre sind leichter zu manipulieren, wenn sie nicht denken, sondern nur eine dressierte Intelligenz haben. Man muß es verhindern, daß es den Menschen ernst wird. Darum ist es besser, daß die Philosophie langweilig sei. Die philosophischen Lehrstühle mögen verkümmern. Je mehr Unwesentliches gelehrt wird, desto eher werden die Menschen abgehalten, von der Leuchtkraft der Philosophie getroffen zu werden.

So ist die Philosophie von Feinden umgeben, zumeist von solchen, die es gar nicht recht wissen. Die bürgerliche Selbstzufriedenheit, das Leben in Konventionen, das Genügen am wirtschaftlichen Wohlergehen, die Schätzung der Wissenschaft allein nach ihrer technischen Brauchbarkeit, der bedingungslose Machtwille, die Kameraderie von Politikern, der Fanatismus von Ideologien, der literarische Geltungswille begabter Schreiber, alle behaupten sich selbst in der Unphilosophie. Sie merken es nicht, weil sie es nicht begreifen. Es wird ihnen nicht bewußt, daß ihre Unphilosophie selber Philosophie, aber verkehrte ist, und daß diese Unphilosophie, zur Klarheit gebracht, sich selber auflösen würde.

3. Das Entscheidende ist: Philosophie will die ganze Wahrheit, die Welt aber will sie nicht. Philosophie ist der Störenfried.

Was aber Wahrheit sei, das wird selber zur Frage. Philosophie vergewissert sich der Wahrheit in dem mehrfachen Sinn des Wahrseins in den Weisen des Umgreifenden. Sie sucht, aber hat nicht den Sinn und Gehalt der einen Wahrheit. Denn die Wahrheit ist für uns nicht unbewegtes Sosein, sondern unabschließbare, unendliche Bewegung.

Wahrheit in der Welt ist im Kampf. Philosophie treibt diesen Kampf aufs Äußerste, aber nimmt ihm jede Gewalt. Im Umgang mit allem, was ist, zeigt sich dem Philosophierenden die Wahrheit auf dem Wege der Kommunikation der Denkenden und des Durchsichtigwerdens seiner selbst.

Wer philosophiert, schaut nach den Menschen aus, den Einzelnen, hört, was diese sagen, und sieht, was sie tun, und läßt es sich angehen im Willen zur Schicksalsgemeinschaft des Menschseins.

Daher wird Philosophie kein Bekenntnis. Sie vollzieht einen ständigen Kampf in sich selber.

4. Wahrheit zu erblicken, ist die Würde des Menschen. Durch Wahrheit allein werden wir frei, und nur Freiheit macht uns für Wahrheit bedingungslos bereit.

Ist Wahrheit der letzte Sinn für den Menschen in der Welt? Ist Wahrhaftigkeit die letzte Forderung? Wir glauben es, weil die Wahrhaftigkeit, die rückhaltlos offen ist und nicht in Meinungen verlorengeht, zusammenfällt mit Liebe.

Im Ergreifen der Leitfäden, die die Wahrheit uns zuwirft, liegt unsere Kraft. Aber Wahrheit ist nur die ganze Wahrheit. Die vielfache Wahrheit muß zusammengehalten werden im Einen. Nie haben wir diese ganze Wahrheit. Sie wird verfehlt, wenn ich im Behaupten mich erschöpfe, mein Gewußtes zum Absoluten mache. Und sie wird verfehlt durch ein System der Wahrheit im Ganzen, weil es diese für Menschen nicht geben kann und diese Täuschung ihn lähmt.

Wer philosophiert, will für Wahrheit leben. Wohin

er kommt, was er selber erfährt, welchen Menschen er begegnet, überall und vor allem vor dem, was er selber denkt, fühlt und tut, fragt er. Die Dinge und Menschen und er selbst sollen hell werden. Er entzieht sich ihnen nicht. Er setzt sich ihnen aus. Er will lieber an der Wahrheit scheitern als glücklich im Wahn sein.

Es soll sich zeigen, was ist.

Ein Vertrauen ist möglich, aber nicht die Gewißheit: In der äußersten Wahrheit, mag sie uns auch niederschlagen, offenbart sich, wenn sie nur wirklich Wahrheit ist, was uns birgt. Dann ist das Wundersame der Philosophie: Wenn wir nur jede Täuschung meiden, jede Verschleierung durchstoßen, jede Unwahrhaftigkeit durchdringen, und wenn wir nur hartnäckig mit hellem Auge vorgehen, noch unsere Kritik selber der Kritik unterwerfen, so ist am Ende solche Kritik nicht zerstörend. Vielmehr zeigt sich gleichsam wie von selber der Grund, der uns entgegenleuchtet wie dem Restaurator das Gemälde Rembrandts, das er von der Übermalung befreit, die es unsichtbar machte.

Aber wenn es sich nicht zeigt? Wenn am Ende der Mensch das Antlitz der Gorgo erblickt und erstarrt? Daß dies geschehen kann, dürfen wir nicht vergessen. Philosophie steht vor Abgründen, die sie weder dem Blick abschirmen soll noch fortschaffen kann.

Was für den Menschen von Anfang an die Frage war, das ist klarer als je. Das Ja zum Dasein ist das große und schöne Wagnis, weil es die Stätte der Verwirklichung von Wahrheit, Liebe, Vernunft ist. Das Nein aber zum Dasein im Selbstmord ist die Wirklichkeit von Menschen, vor deren Geheimnis wir still werden. Wir dürfen diese Grenze nicht vergessen.

5. Ist die Philosophie für Menschen als Menschen da, oder für eine Elite, abgesondert, unter sich? Nur wenige sind, nach Platos Lehre, zu ihr fähig, und diese nur nach langer Schulung. Zweierlei Leben, sagt Plotin, gibt es auf Erden, eines für die Weisen und eines für die Menge der Menschen. Auch Spinoza erwartet nur von seltenen Menschen Philosophie. Erst Kant denkt, der von ihm gebahnte Fußsteig könne zur Heeresstraße werden: Die Philosophie ist für alle; es wäre schlimm, wenn es anders wäre; die Philosophen verwalten und schaffen nur gleichsam das Depositum der Akten, in denen alles auf das sorgfältigste begründet sein soll.

Gegen Plato und Plotin und fast die gesamte Überlieferung folgen wir Kant. Es handelt sich um eine selber philosophische Entscheidung von großer Tragweite für die innere Verfassung der Philosophierenden. Sie schlägt der Realität ins Gesicht. Sie sagt: so war es bisher, so ist es heute. Aber so darf es nicht bleiben, so soll es nicht bleiben. Die Forderung des Menschen als Menschen, oft verborgen und getrübt, beiseitegeschoben und vernachlässigt, will gehört werden. Die Entscheidung liegt in jedem Einzelnen.

Machen wir etwa aus der Not des Ausbleibens genialer Philosophie in unserer Zeit eine Tugend? Nein, die Erfahrung der eigenen Durchschnittlichkeit, des Menschen als Menschen, der doch die Großen der Vergangenheit versteht, aneignet, sich ihnen voll Ehrfurcht, aber ohne Vergötterung naht, diese Erfahrung ermutigt: Was uns möglich ist, ist fast allen möglich, wenn sie wollen.

Es gibt eine große Ausnahme in der Geschichte. Die christlichen Kirchenväter, mit dem Bewußtsein der

Aufgabe der Heilsverkündigung und der Liebespflicht, wandten sich an alle. Daß die griechischen Philosophen nur an die Auserlesenen sich gewandt hätten, war ihnen ein Argument gegen die Wahrheit dieser Philosophen. Der Sinn der Kirche wurde: Niemand, der glauben will, ist ausgeschlossen. Der einfachste Glaube enthält, was im sublimen Denken der Erlesenen sich zur hellsten Fülle entfaltet.

Aber diese Fürsorge für die Menge hat die Zweideutigkeit, daß sie zugleich über sie herrschen will, und daß sie, der Herrschaft wegen, Unwahrheit und Aberglauben duldet und daß sie Politik treibt. Dies große historische Beispiel kann uns kein Vorbild sein.

Der andere Feind des eigenständigen Philosophierens und damit der Freiheit des Menschen ist das vermeintlich demokratische Denken. Man sagt zwar mit Recht: Was nicht der Menge gemäß ist, muß auf die Dauer verschwinden. Was überhaupt keinen Widerhall hat, ist von vornherein ohne Wirklichkeit. Aber man meint mit Unrecht: Wir wissen, was diese Wirklichkeit ist. Was jetzt ist, wird immer sein. Was jetzt nicht wirkt, wird nie wirken. Der Mensch wandelt sich nicht. Dagegen gilt vielmehr: Was noch vereinzelt ist, kann sich ausbreiten. Was noch ohne Widerhall ist, kann ihn gewinnen. Vor allem aber: Was in kleinsten Kreisen wirklich ist, kann die höchste Wirklichkeit einer Zeit sein und sich als solche in der Folge bewähren. Was die Menge noch nicht erreicht, kann sie in Zukunft durchdringen.

Der Weg zur Menge, in den lärmenden Wirrwarr der Öffentlichkeit, ist unumgänglich für die Freiheit der Wahrheit. Die Alternative dazu ist die Herrschaft über die Menge, die Zensur, die nivellierte Erziehung. Die Menschen werden Material für Gewaltherrscher.

In der Ungewißheit bleibt nur eines: An die Möglichkeit der Freiheit des Menschen zu glauben und darin in Bezug auf Transzendenz zu stehen, ohne die jener Glaube im Ernst nicht standhält.

6. Noch ist es richtig: Philosophie kommt in der Welt zum Bewußtsein ihrer Ohnmacht: geringer Widerhall, keine Macht zur Weltgestaltung, kein Faktor der Geschichte! So scheint es bisher.

Keineswegs aber ist sie ohnmächtig in dem, was sie dem einzelnen Menschen sein kann. Hier ist sie vielmehr die große einzige Macht, durch die der Mensch seinen Weg in Freiheit findet. Sie allein ermöglicht die innere Unabhängigkeit.

Diese Unabhängigkeit steht an dem Ort, wo die einzige vollkommene Abhängigkeit darin liegt, daß ich mir in meiner Freiheit, meiner Liebe, meiner Vernunft geschenkt werde. Ich kann sie nicht hervorbringen, sondern nur aus ihnen hervorbringen.

Gelange ich dorthin, wo ich mir geschenkt werde, so gewinne ich die Distanzierung zu allen Dingen und mir selbst. Gleichsam von einem Standpunkt außerhalb, den ich doch faktisch nie einnehmen kann, blicke ich auf das, was geschieht und was ich selbst tue. Es ist, als ob ich erst von dort her mich einsenke in die geschichtliche Wirklichkeit. Von dort her kommt das Licht, das meine innere Freiheit zum Wachsen bringt. Ich werde unabhängig in dem Maße, als ich die Dinge in jenem Licht sehe.

Diese Unabhängigkeit ist still, ohne Gewaltsamkeit, ohne Trotz. Sie ist um so weniger anspruchsvoll, je mehr sie sich ihrer gewiß wird. Sie bewährt sich, indem sie in der Verborgenheit standhält.

In der Unabhängigkeit bleibt die Freiheit nicht leer. Sich auf sich beschränken, wäre keine Unabhängigkeit. Diese will vielmehr in der Welt dabei sein. Sie greift zu. Sie folgt, wenn die Gelegenheit, die Chance ruft. Sie versagt sich nicht den Forderungen des Tages. Sie wagt es, wenn das Schicksal zu führen scheint, sich auf für sie selbst gefährliche Situationen einzulassen in der Hoffnung, sie zu meistern.

Immer aber steht sie unter den Bedingungen der Maßstäbe, die sie nicht verraten kann, weil sie von dort kommen, wo ihr eigener Ursprung ist. Der Verrat wäre Selbstvernichtung.

7. Die Unabhängigkeit des Philosophen im Menschen wird falsch, wenn ein Stolz darin liegt. Denn das Bewußtsein seiner Eigenständigkeit bleibt im wahrhaftigen Menschen stets begleitet vom Bewußtsein seiner Ohnmacht, der Enthusiasmus des Könnens von der Entsagung des Nichtkönnens, die Hoffnung vom Blick auf das Ende. Philosophieren bringt die Abhängigkeiten zu vollem Bewußtsein, aber so, daß wir in der Ohnmacht doch von jener Unabhängigkeit her, statt uns zu unterwerfen, eine Wendung zur Wiederherstellung finden. Zwei Beispiele dafür, wie das im Denken geschieht:

a) Das Quantitative hat die Übermacht über das Qualitative. Das Weltall, in dem die Erde mit all ihren Menschen weniger als ein Stäubchen ist, hat den Vorrang vor ihr. Diese Art von Vorrang hat in der Stufenfolge: Materie, Leben, Seele, Geist die je vorhergehende Stufe über die folgende. Schließlich haben die Massen den Vorrang. Ihnen gegenüber kommt der Einzelne gar nicht in Betracht. Auf das Weltall, die Materie, die Massen, das quantitativ Übermächtige kommt es an.

Aber wir kehren die Wertschätzung um: Das Kostbarste ist im Weltall die Menschheit, in der Stufenfolge der Realitäten der Geist, in den Massen der einzelne Mensch als er selbst, in den Gebilden der Natur das von Menschen geschaffene Werk der Kunst und Dichtung. Wenn wir anders urteilen, erliegen wir der Suggestion des Quantitativen, verzichten auf den Sinn des Menschseins.

b) Das Ganze der Geschichte, das niemand kennen kann, das nicht einmal ein Ganzes im Sinne der Denkbarkeit zu sein braucht, ist übermächtig. Der Einzelne fühlt sich wehrlos. Alles, was er ist, wird durch dieses Ganze bestimmt. Er muß sich fügen.

Aber, was mit der Menschheit geschieht, das geschieht doch auch durch jede winzige Kraft der Milliarden Einzelner. Jeder trägt eine Mitverantwortung durch das, was er tut und wie er lebt. Mutet die Geschichte an als Sinnlosigkeit, so ist doch auch Vernunft in ihr. Das liegt an uns.

Dann aber: Unmittelbar wirklich für uns ist unsere kleine Umwelt. Ihr zu genügen, ist unsere erste Aufgabe. Wenn wir, weil wir den Gang der Dinge nicht in unsere Hand bekommen können, an der Zukunft verzweifeln oder wenn wir in leeren Demonstrationen uns ergehen, als ob wir das Ganze geradezu bewegen könnten, dann versäumen wir das Nächstliegende. Unsere Selbstbehauptung liegt in der Wirklichkeit dieser kleinsten Umwelt. Durch sie auch wirken wir mit am Ganzen.

8. Unsere Ohnmacht wird durch unser Zeitalter auf neue Weise bewußt. Wir wissen es alle:

Die Demokratie ist in der Realität korrumpiert, aber bleibt der einzige mögliche Weg für die Freiheit. Sie ist noch fragwürdiger in Völkern, in denen sie nicht eigenen geschichtlichen Ursprung hat.

Die Zufriedenheit mit dem Wirtschaftswunder schläfert die freie Welt ein. Die übrige begehrt nach diesem Wunder, ist aber nicht bereit, dessen Bedingungen zu übernehmen, sondern bürdet die Schuld für das eigene Unheil der freien Welt auf.

Die Wirtschaft hat in der westlichen Welt den Vorrang vor der Politik. Dadurch schaufelt diese Welt sich ihr eigenes Grab. Ihre politische Freiheit wird immer geringer. Diese wird oft nicht mehr verstanden. Freiheitsbewußtsein und Opfermut verschwinden.

Wir sehen in der ganzen Welt die Tendenzen zu Militärdiktaturen und zur totalen Herrschaft, weil die Freiheit versagt. Die Völker werden die Beute der Gewaltmenschen.

Die Bevölkerungsvermehrung, wenn sie anhält, muß zu einer Menschenmassen vernichtenden Explosion führen.

Das Bewußtsein der farbigen Rassen (mehr als zwei Drittel der Menschen) wendet sich mit wachsender Empfindlichkeit und Wildheit gegen die Weißen.

Die Atombombe steht über allem. Für eine kurze Weile verhindert sie noch den großen Krieg, der doch, man weiß nicht wann, seinen totalen Zerstörungsprozeß beginnen wird, wenn Menschen so bleiben, wie sie heute sind.

Bisher traten, wenn Staaten, Völker und Kulturen zugrunde gingen, andere auf den Plan. Die Menschheit war das Dauernde. Heute ist die Frage, ob die Menschheit insgesamt sich vernichten wird.

Wir dürfen in dem uns vergönnten Zwischenaugenblick das Glück des Daseins genießen. Aber es ist eine Galgenfrist. Sie ist uns gegeben, sei es zur Überwindung der tödlichen Gefahr, sei es zur Vorbereitung auf die Katastrophe.

Die Ruhe des Abendlandes, als ob das sich genießende Dasein so bleiben könne, scheint frevelhaft. Die Folgen des Sichbeschwindelns vor 1914 und immer wieder haben doch gezeigt, wohin diese sittlich-politische Verantwortungslosigkeit führt.

Der Augenblick heute steht auf des Messers Schneide. Wir haben zu wählen: entweder in den Abgrund zu stürzen der Verlorenheit des Menschen und seiner Welt und als Folge das Aufhören seines Daseins überhaupt – oder den Sprung zu tun durch Selbstverwandlung zum eigentlichen Menschen und seinen unabsehbaren Chancen.

9. Was soll da Philosophie?

Sie lehrt wenigstens, sich nicht täuschen zu lassen. Keine Tatsache und keine Möglichkeit läßt sie beiseiteschieben. Sie lehrt, dem wahrscheinlichen Unheil ins Angesicht zu blicken. Sie stört die Ruhe in der Welt. Aber sie verwehrt auch die Unbesonnenheit, das Unheil für unausweichlich zu halten. Denn noch liegt es auch an uns, was wird.

Die Philosophie könnte, wenn sie in ihrem Denken kräftig, für Menschen überzeugend und durch Menschen, aus denen sie spricht, glaubwürdig würde, ein Faktor der Rettung sein. Sie allein ist es, die die Denkungsart wandeln kann.

Dann aber, angesichts des möglichen totalen Scheiterns, würde Philosophie die Würde des Menschen noch im Untergang bewahren. In der auf Wahrheit gegründeten Gemeinschaft der Schicksalsgefährten sieht der Mensch dem entgegen, was kommen mag.

Denn im Untergang ist nicht Nichts. Das Letzte ist der im Scheitern liebende, ein unbegreifliches Vertrauen in den Grund der Dinge bewahrende Mensch.

Sprechen wir in Chiffern: Der Ursprung, aus dem der Kosmos, die Erde, das Leben, der Mensch und die Geschichte hervorgegangen sind, hat uns unzugängliche Möglichkeiten. Die Erfahrung des sehenden Scheiterns kann ihrer gewiß sein.

Es war ein Versuch, unendlich andere werden folgen. Aber Liebe und Wahrheit, in solchem Versuch eine Zeitlang gegenwärtig, bezeugen, daß es sich um mehr als einen Versuch handelte. Ein Wort der Ewigkeit wurde gesprochen.

Kein erfüllbarer Gedanke, kein Wissen, kein leibhaftig Faßliches, keine jener eben ausgesprochenen Chiffern reicht dorthin.

Jenseits aller Chiffern erreicht der Gedanke das vom unergründlichen Grunde erfüllte Schweigen.

PIPER

Karl Jaspers
Das Wagnis der Freiheit
Gesammelte Aufsätze zur Philosophie. Herausgegeben von
Hans Saner. 365 Seiten. Leinen

Karl Jaspers ist noch immer ein Philosoph von großer Aktualität.
Viele seiner wichtigsten Reden und Aufsätze zur Philosophie
waren zuletzt nur schwer oder überhaupt nicht greifbar.

Jaspers erweist sich hier erneut als glänzender Stilist, der die
seltene Begabung hatte, die existentielle Bedeutung der
Philosophie noch in ihren abstraktesten Fragen spürbar zu
machen. Da er ohne Jargon schrieb, sind seine Texte gegenwärtig
und modern geblieben.

Sich nicht Probleme ausdenken, sondern die Probleme, die sich
existentiell zeigen, bedenken – dies war die Losung seines
Philosophierens. Und er wollte geistig etwas bewirken. Einige
seiner Reden waren Marksteine in der Entwicklung des
europäischen Geistes der Nachkriegszeit – so die berühmte Rede
»Vom europäischen Geist«, die Jaspers 1946 in Genf vor einer
illustren Schar von Intellektuellen (u. a. Georg Lucács, Georges
Bernanos, Stephen Spender und Julien Benda) gehalten hat.
Es war dies der Anfang einer neuen Zeit, und Jaspers war eine
ihrer Leitfiguren.

SERIE PIPER

Karl Jaspers

Der Arzt im technischen Zeitalter
Technik und Medizin, Arzt und Patient, Kritik der Psychotherapie.
123 Seiten. SP 441

Karl Jaspers, der ursprünglich Arzt und Psychiater war, hat sich schon früh mit den Problemen der modernen Medizin auseinandergesetzt. In seinen Gedanken zu Wesen und Rolle des Arztes beschreibt er die Gefahren der Apparate-Medizin einerseits und warnt andererseits – als früher Kritiker – vor einer modisch gewordenen Psychotherapie.

Einführung in die Philosophie
Zwölf Radiovorträge.
128 Seiten. SP 13

Freiheit und Wiedervereinigung
Über Aufgaben deutscher Politik.
Vorwort von Willy Brandt.
Mit einer Nachbemerkung zur Neuausgabe von Hans Saner.
126 Seiten. SP 1110

Die großen Philosophen
968 Seiten. SP 1002

Kleine Schule des philosophischen Denkens
183 Seiten. SP 54

Die maßgebenden Menschen
Sokrates, Buddha, Konfuzius, Jesus. 144 Seiten. SP 126

Philosophie I–III
Drei Bände in Kassette.
Zus. LXVIII. 1056 Seiten.
SP 1600
Erster Band: Philosophische Weltorientierung.
Zweiter Band: Existenzerhellung.
Dritter Band: Metaphysik.

»Seit 1924 wurde planmäßig ein Werk vorbereitet, das im Dezember 1931 unter dem Titel ›Philosophie‹ in drei Bänden erschien... Es wurde nicht aus einem Prinzip entworfen, sondern wuchs zusammen. Die Ordnung des Ganzen war zweiten Ranges. Ausgeschieden wurde, was nicht notwendig zur Sache gehörte. Diese Sache war die Frage, was Philosophie sei, in welchen Dimensionen sie sich bewege, dies aber nicht nur im Sprechen darüber, sondern in der Entfaltung konkreter Erfahrungen... Solche Arbeit ist zwar Arbeit mit Planen und Lenken. Aber sie gelingt nur, wenn ständig etwas anderes zur Wirkung kommt: das Träumen... Mir scheint: Wer nicht täglich eine Weile träumt, dem verdunkelt sich der Stern, von dem alle Arbeit und jeder Alltag geführt sein kann.«
Karl Jaspers über seine »Philosophie«

Karl Jaspers

Psychologie der Weltanschauungen
515 Seiten. SP 1988

Die Sprache · Über das Tragische
143 Seiten. SP 1129

Von der Wahrheit
1103 Seiten. SP 1001

»Hier haben sich wissenschaftliche Spekulation und tiefe Weisheit in einzigartiger Weise vermählt. Mitten zwischen den abstraktesten Untersuchungen finden sich allerorts Formulierungen von einer Tiefsicht und Lebensweisheit, daß die ohne Vorbehalt in den eigenen Besitz übergehen.«
Südwestfunk

Was ist Erziehung?
Ein Lesebuch. Textauswahl und Zusammenstellung von Hermann Horn. 300 Seiten. SP 1513

Dieses Lesebuch ist der umfassend angelegte und geglückte Versuch, aus dem philosophischen Gesamtwerk von Karl Jaspers alle Aussagen über Erziehung und Bildung in ihrer ganzen Vielfalt zusammenzufassen. Jaspers definiert Erziehung und Bildung als große humane und soziale Aufgabe.

Max Weber
Gesammelte Schriften. Mit einer Einführung von Dieter Henrich. 128 Seiten. SP 799

Was ist Philosophie?
Ein Lesebuch. Herausgegeben von Hans Saner. 416 Seiten. SP 2282

Wohin treibt die Bundesrepublik?
Tatsachen, Gefahren, Chancen. Einführung von Kurt Sontheimer. 281 Seiten. SP 849

Martin Heidegger/ Karl Jaspers
Briefwechsel 1920–1963
Herausgegeben von Walter Biemel und Hans Saner. 299 Seiten mit 4 Abbildungen auf Tafeln. SP 1260

»Gleichsam unter den Augen des Lesers werden Hoffnungen genährt, Erwartungen geweckt, gemeinsame Projekte ins Auge gefaßt, Enttäuschungen bereitet, Verwandtschaft und Fremdheit zum Ausdruck gebracht, Schuld und Versagen einbekannt oder auch geleugnet.«
Süddeutsche Zeitung

Hannah Arendt

Eichmann in Jerusalem
Ein Bericht von der Banalität des Bösen. Mit einem Essay von Hans Mommsen. 358 Seiten. SP 308

Elemente und Ursprünge totaler Herrschaft
Antisemitismus. Imperialismus, Totalitarismus. 758 Seiten. SP 645

Macht und Gewalt
Von der Verfasserin durchgesehene Übersetzung. Aus dem Englischen von Gisela Uellenberg. 137 Seiten. SP 1

Rahel Varnhagen
Lebensgeschichte einer deutschen Jüdin aus der Romantik. 298 Seiten. SP 230

Über die Revolution
426 Seiten. SP 1746

Vita activa oder Vom tätigen Leben
375 Seiten. SP 217

Ich will verstehen
Selbstauskünfte zu Leben und Werk. Herausgegeben von Ursula Ludz. Mit einer vollständigen Bibliographie. 256 Seiten. SP 2238

Die Texte – Briefe, Aufzeichnungen von Gesprächen – geben der Person Hannah Arendt Farben, Konturen und überraschende Glanzlichter.

Vom Leben des Geistes
Das Denken – Das Wollen. Herausgegeben von Mary McCarthy. Aus dem Amerikanischen von Hermann Vetter. 506 Seiten. SP 2555

Zwischen Vergangenheit und Zukunft
Übungen im politischen Denken I. Herausgegeben von Ursula Ludz. 440 Seiten. SP 1421

Hannah Arendt / Karl Jaspers

Briefwechsel 1926–1969
Herausgegeben von Lotte Köhler und Hans Saner. 859 Seiten. SP 1757

Elżbieta Ettinger
Hannah Arendt Martin Heidegger
Eine Geschichte. Aus dem Amerikanischen von Brigitte Stein. 141 Seiten. SP 1904

Hannah Arendt / Mary McCarthy

Im Vertrauen
Briefwechsel 1949–1975. Herausgegeben und mit einer Einführung von Carol Brightman. Aus dem Amerikanischen von Ursula Ludz und Hans Moll. 583 Seiten. SP 2475

Harro Heuser

Als die Götter lachen lernten
Griechische Denker verändern die Welt. 336 Seiten. SP 2328

Das antike Ionien ist für Harro Heuser das »große Erdbebengebiet des Geistes«. Sein politisches und kulturelles Zentrum, Milet, wird um 600 v. Chr. zur Geburtsstätte der modernen Naturwissenschaften, nachdem in einem von politischen und wirtschaftlichen Umwälzungen erschütterten Griechenland die religiösen Erneuerungsbewegungen von Dionysos und Orpheus die Oberhand gewannen. Thales von Milet sagte erstmals die Sonnenfinsternis des Jahres 585 voraus, die er wissenschaftlich berechnet hatte, und nahm somit diesem Naturphänomen den mythischen Schrecken. Homer schrieb die Odyssee, und Pythagoras erfand seinen berühmten Lehrsatz. Erstmals werden zum Verständnis der Welt nicht mehr Mythos und Magie bemüht, sondern naturwissenschaftliche Beobachtungen. Das neue Denken war rational und wissenschaftlich.

Michael Wittschier

Abenteuer Philosophie
Ein Schnellkurs für Einsteiger. 176 Seiten mit zahlreichen Abbildungen. SP 2366

Philosophie macht Spaß, meint der Autor, und führt seine Leser in das Abenteuer des philosophischen Denkens ein. Dazu stellt er kurze klassische Texte vor – von Sokrates, Descartes, Kant – sowie moderne Autoren und illustriert seinen Philosophiekurs für Einsteiger mit amüsanten Beispielen, witzigen Comics und mit Denksportaufgaben, die es in sich haben.

Ein Reiseführer durch die Welt der Philosophie einmal anders – überschaubar und auf jeder Station voller Anregungen. Ausgehend von alltäglichen Lebenssituationen, animiert Michael Wittschier den Leser zu eigenen Fragen, zu Zweifeln und zu philosophischem Staunen. Zugleich stellt er die Ansichten und Einsichten großer Philosophen zu den Themen Wahrheit, Wirklichkeit, Erkenntnis und Moral so vor, daß man lähmende Schulerinnerungen getrost vergessen kann.

SERIE PIPER

Volker Spierling

Kleine Geschichte der Philosophie
50 Porträts von der Antike bis zur Gegenwart. 374 Seiten. SP 983

Wer sich mit der Philosophie beschäftigen möchte, stellt bald fest, daß es kaum eine leichtverständliche Einführung gibt. Volker Spierlings Kleine Geschichte der Philosophie des Abendlandes füllt diese Lücke auf amüsante Weise. Sie präsentiert fünfzig der wichtigsten Philosophen von Thales bis Popper, stellt deren Denken in den Zusammenhang ihrer Lebensumstände und gibt weiterführende Hinweise zum Studium ihrer Werke. Sie setzt nichts voraus als die Bereitschaft zu freiem, spielerischem Denken und ist für junge Leser besonders gut geeignet.

»Philosophie ist für alle da. Ihre Fragen gehen jeden an, und ihre Antworten ermuntern zum Nach- und Weiterdenken, bereichern und gestalten die eigene Geisteshaltung.« Diese Überzeugung ist Volker Spierling aus seiner langjährigen Lehrtätigkeit erwachsen und liegt der »Kleinen Geschichte der Philosophie« zugrunde. Fünfzig Philosophen von der Antike bis zur Gegenwart werden vorgestellt, und es werden die zentralen Punkte ihres Denkens erläutert. Die Auswahl der Philosophen repräsentiert annähernd das gesamte Spektrum der abendländischen Philosophie.

»In der Philosophiegeschichte ist nichts aus zweiter Hand. Volker Spierling entwickelt seine Porträts aus den originalen Texten, und er will die Neugier des von speziellen Vorkenntnissen unverdorbenen Lesers auf das authentische philosophische Wort lenken.«

Albert von Schirnding,
Süddeutsche Zeitung

Die Philosophie des 20. Jahrhunderts
Ein Lesebuch. Herausgegeben von Volker Spierling. 525 Seiten. SP 547

In diesem Lesebuch des Tübinger Philosophen Volker Spierling werden die Positionen der wichtigsten, originellsten, aber auch der bedenklichsten Philosophen beziehungsweise Philosophien unseres Jahrhunderts vorgestellt.

Karl R. Popper

Auf der Suche nach einer besseren Welt
Vorträge und Aufsätze aus dreißig Jahren. 282 Seiten. SP 699

Karl Raimund Popper zählt zu den bedeutendsten Philosophen dieses Jahrhunderts. Sein »kritischer Rationalismus« und seine Konzeption der »offenen Gesellschaft« haben nachhaltigen Einfluß auf die Philosophie, die Wirtschafts- und Sozialwissenschaften und auf die Politik der westlichen Welt ausgeübt – sie tun dies bis heute. Der vorliegende Band – vom Autor selbst gestaltet – versammelt zentrale Vorträge und Aufsätze Poppers aus dreißig Jahren. Die Texte faszinieren durch ihre lebendige und klare Sprache. Sie konfrontieren den Leser mit Poppers großen Themen und mit der Vielfalt seines Denkens.

»Die Textsammlung ist selbst für versierte Popper-Kenner noch anregend und aufschlußreich.«
Das Parlament

»Wer Popper wenig oder nicht gelesen hat, wird hier einen vortrefflichen Überblick über sein Denken gewinnen.«
Die Presse

Alles Leben ist Problemlösen
Über Erkenntnis, Geschichte und Politik. 336 Seiten. SP 2300

Karl Popper hat an diesem Buch bis zu seinem Tod gearbeitet. In den sechzehn Texten kommen noch einmal die großen Themen zur Sprache, die sein Lebenswerk beherrscht haben: Fragen der Erkenntnis und der Beschränktheit der Wissenschaft, der Frieden, die Freiheit, die Verantwortung der Intellektuellen, die offene Gesellschaft und ihre Feinde.

»Karl Popper gehört ... zu den Söhnen der jüdischen Bürgerschicht von Wien, deren Gedanken die geistige Landschaft Europas in diesem Jahrhundert verändert und geprägt haben.«
Frankfurter Allgemeine

SERIE PIPER